CUIDADO DE DISCAPACITADOS

MANUAL DE PROCEDIMIENTO

ÍNDICE

MÓDULO IV
HIGIENE Y ALIMENTACIÓN

Tema 1
La higiene personal
Tema 2
Alimentación y nutrición
Tema 3
Higiene alimentaria
Tema 4
La conservación y preparación de alimentos

MÓDULO V
LOS CUIDADORES

Tema 1
La adaptación
Tema 2
La actuación ante distintas patologías
Tema 3
La administración de medicamentos
Tema 4
Guía para los cuidadores

MÓDULO I

GENERALIDADES

TEMA 1

DEFINICIÓN DE CONCEPTOS

Introducción

Para la Clasificación Internacional de Deficiencias, Discapacidades y Minusvalías (CIDDM), y desde el punto de vista de la salud "una deficiencia es toda pérdida o anormalidad de una estructura o función psicológica, fisiológica o anatómica".

En la nueva Clasificación CIF se definen las deficiencias como "problemas en las funciones o estructuras corporales, tales como una desviación significativa o una pérdida".

Para la clasificación de Deficiencias, Discapacidades Y Minusvalías, Publicada por la OMS, y desde el punto de vista de la salud, 'una deficiencia es toda pérdida o anormalidad de una estructura o función psicológica, fisiológica o anatómica'. Según la ONU, "Dentro de la experiencia de la salud, una deficiencia es toda pérdida o anormalidad de una estructura o función psicológica, fisiológica o anatómica".

Definiciones para tener en cuenta
- ✓ Deficiencia: es toda pérdida o anormalidad de una estructura o función sicológica, fisiológica o anatómica.
- ✓ Discapacidad: es toda restricción o ausencia (debido a una deficiencia) de la capacidad de realizar una actividad en la forma o dentro del margen considerado normal para un ser humano.
- ✓ Minusvalía: es una situación desventajosa para un individuo determinado, consecuencia de una deficiencia o de una

discapacidad, que limita o impide el desempeño de un papel que es normal en su caso (en función de edad, sexo y factores sociales y culturales).

La Asamblea General de las Naciones Unidas, utilizó la palabra *impairment* que fue traducida al castellano por "impedimento" para referirse a la deficiencia, y por "impedidos" para referirse al colectivo que nos ocupa. Hoy, el término "impedido" está prácticamente en desuso, al igual que el de inválido, subnormal y otros, aunque algunos de estos términos permanecen en ocasiones en el lenguaje oficial (por ejemplo, se habla de pensiones de invalidez). Más tarde, la Organización Mundial de la Salud (OMS) estableció su conocida "Clasificación internacional de deficiencias, discapacidades y minusvalías".

Quizá sea éste el momento adecuado para explicar estos términos que se emplean frecuentemente como si fueran sinónimos, cuando en realidad expresan cosas diferentes, y también para comentar la nueva orientación que ha surgido en las organizaciones y asociaciones de personas con discapacidad al respecto, y que básicamente parte del rechazo del modelo médico de discapacidad propuesto por la OMS, que divide a las personas en grupos según su situación o condición médica.

Deficiencia
Según la OMS, es toda pérdida o anormalidad, permanente o temporal, de una estructura o función psicológica, fisiológica o anatómica. Incluye la existencia o aparición de una anomalía, defecto o pérdida de una extremidad, órgano, estructura corporal, o un defecto en un sistema funcional o mecanismo del cuerpo. La deficiencia supone un trastorno a nivel de órgano, que produce una limitación funcional que se manifiesta objetivamente en la vida diaria.

La OMS define la deficiencia mental como "un funcionamiento intelectual inferior al término medio, con perturbaciones en el aprendizaje, maduración y ajuste social, constituyendo un estado en el cual el desarrollo de la mente es incompleto o se detiene". Por su parte, la Asociación Americana de Deficientes Mentales señala que, para hablar de estas deficiencias, hay que referirse a la existencia de un coeficiente intelectual inferior a 70 y, además, con una alteración tal de la conducta que implique la dependencia de otra persona. En ocasiones, una misma persona padece simultáneamente dos o más deficiencias.

Discapacidad

Según la citada clasificación de la OMS, "es toda restricción o ausencia, debida a una deficiencia, de la capacidad de realizar una actividad en la forma o dentro del margen considerado normal para el ser humano". Puede ser temporal o permanente, reversible o irreversible. Es una limitación funcional, consecuencia de una deficiencia, que se manifiesta en la vida cotidiana.

La discapacidad se tiene. La persona *no es* discapacitada, sino que *está* discapacitada: no puede hacer alguna cosa en concreto de la misma forma que los demás. La discapacidad no forma parte de la esencia de la persona.

Minusvalía

Es para la OMS "la situación desventajosa en que se encuentra una determinada persona, como consecuencia de una deficiencia o discapacidad que limita o impide el cumplimiento de una función que es normal para esa persona, según la edad, el sexo y los factores sociales y culturales".

Otra interpretación

En la actualidad, y desde hace cierto tiempo, el movimiento para los derechos de las personas discapacitadas está redefiniendo el término discapacidad, como una falta de adecuación entre la persona y su entorno, más que como una consecuencia de la deficiencia de una persona.

"Una persona con discapacidad o discapacitada es un individuo que se ha encontrado en una situación de discapacidad debido a las barreras del entorno, económicas y sociales, que dicha persona, debido a su(s) minusvalía(s) o deficiencia(s), no puede superar del mismo modo que otros ciudadanos.

Estas barreras son impuestas frecuentemente por la actitud marginalizadora de la sociedad. La sociedad es la que tiene que eliminar, reducir o compensar dichas barreras, con el fin de permitir a todos sus ciudadanos la posibilidad de disfrutar al máximo de su condición de tales, respetando los derechos y deberes de cada individuo".

Concepto sobre discapacidad

En el ámbito de la discapacidad han primado diversas visiones, conceptos y terminologías para definir a la persona con discapacidad. Estas denominaciones, clasificaciones y taxonomías que se han utilizado para hacer referencia a las personas con limitaciones, han generado una confusión nominal y conceptual que dificulta la comunicación entre las diferentes instancias involucradas en el proceso rehabilitador, creando percepciones distorsionadas sobre lo que es la persona con discapacidad y la Rehabilitación.

Esta situación dificulta así la adopción de criterios comunes de trabajo y plantea la necesidad de definir en forma clara y comprensible para todos estos conceptos básicos y algunos de los términos utilizados en el campo de la Rehabilitación.

La proliferación de términos con los que se han designado a las personas con discapacidad: deficiente, inválido, lisiado, subnormal, retrasado, minusválido, impedido, mutilado, etc. expresan la percepción que sobre ellos tiene la sociedad. Por otra parte refleja la búsqueda que los involucrados en el proceso rehabilitador han venido haciendo de una taxonomía, nomenclatura, clasificación o definición que permita describir y nominar a la población con discapacidad y las consecuencias de estas limitaciones en todas las esferas de la persona.

En lo que respecta a la sociedad, muchas veces estas representaciones y enfoques no buscan ser tendenciosos, sino que en ocasiones los hombres distorsionan las imágenes de aquellos hechos que producen grandes emociones o amenaza, y definitivamente la enfermedad y sus consecuencias tienen esta connotación. Lo grave está en que estas nominaciones tienden a ser destructivas y peyorativas, reflejando una imagen negativa e inmóvil de las personas con discapacidad.

Las clasificaciones y nomenclaturas que se han utilizado para describir a las personas con discapacidad, categoría por categoría, propician una especie de disección que es peligrosa por cuanto puede despojar al individuo de su personalidad, simplificándolo o reduciéndolo a una caricatura deshumanizada.

Por otra parte en el pasado había una tendencia a parcelar al individuo de acuerdo con las especialidades profesionales, con lo cual la persona encierra en sí muchas opiniones de expertos sin que realmente se le valorice en su condición total y tampoco se le permitía ser partícipe de la acción rehabilitadora.

Los términos y nomenclaturas que se han utilizado han conducido a etiquetar, segregar y consolidar la marginación, creando reales estigmas en las personas con discapacidad.

El problema que se presentó no fue solo de orden nominal, sino de concepto, por lo que fue necesario definir un esquema conceptual que permitiese una real coherencia entre la opinión que se tiene de la persona, la imagen que de ella nos formamos y nuestras actitudes con relación a ésta.

Organizaciones internacionales y personas interesadas en el tema realizaron diversas aproximaciones que han sido un gran aporte para definir este esquema conceptual. Dentro de estas organizaciones se encuentran: Organización Mundial de la Salud, Rehabilitación Internacional, Naciones Unidas, Instituto Nacional de Servicios Sociales Por su parte el Grupo Latinoamericano de Rehabilitación Profesional para la Inclusión y la Integración de Personas con Discapacidad promovió el término Persona con Limitaciones.

Por una parte se consideró que el término abarcaba las tres esferas o dimensiones en que puede verse afectado el individuo.

Por otra parte se consideró que es un término dinámico ya que al hablar de persona, necesariamente se concibe a un individuo que pese a que ve afectada alguna de sus condiciones, es un individuo transformado y transformador de la realidad.

Concebir a la persona con discapacidad desde una óptica dinámica, permite establecer que la situación limitante puede desaparecer mediante la actividad propia del individuo y de acciones adecuadas en Rehabilitación donde se considere a la persona y su entorno.

Este término fue sustituido por el de Persona con Discapacidad.

Teorías y definiciones de la discapacidad
La Organización Mundial de la Salud definió tres dimensiones en las que puede verse afectada una persona como consecuencia de enfermedad, alteración congénita o accidente:
- Las estructuras psicológicas, fisiológicas o anatómicas
- Las capacidades
- Los roles sociales.

Tomando en cuenta estas dimensiones la O.M.S. definió tres términos que guardan estrecha relación con ellas:

Deficiencia "Es toda pérdida o anormalidad de una estructura o función psicológica, fisiológica o anatómica".

Ejemplos:
- Pérdida de la memoria.
- Pérdida de la vista.
- Pérdida de un miembro.

Discapacidad "Es toda restricción o ausencia de la capacidad de realizar una actividad en la forma o dentro del margen que se considera normal para un ser humano.

Ejemplos:
- Perturbación de la capacidad de aprendizaje

- Dificultad para vestirse por sí solo.

Minusvalía "Es una situación desventajosa para un individuo a consecuencia de una deficiencia o discapacidad que limita o impide el desempeño de un rol que es normal en su caso en función de la edad, sexo o factores sociales y culturales.

Ejemplos:
- Imposibilidad de conseguir empleo.
- Ausencia de relaciones sociales.
- Estados depresivos y de ansiedad frecuentes.

La O.M.S. dio un aporte nuevo al proponer el desarrollo del concepto de prevención asociado a los tres niveles de efecto de la enfermedad.

Prevención
Es la adopción de medidas encaminadas a impedir que se produzca un deterioro físico, intelectual, psiquiátrico o sensorial. O impedir que ese deterioro cause una discapacidad o limitación funcional.

Ejemplos de medidas preventivas:
- Educación en salud.
- Vigilancia nutricional.
- Atención materno-infantil.
- Hábitos sanos.

Clasificaciones actuales
Los términos de inclusión, derechos humanos, y la estrategia basada en la comunidad, desarrollados y aplicados como ejes de las políticas sociales al final del siglo XX, aparecen como una vía para alcanzar objetivos hasta ahora difíciles de lograr para las poblaciones más vulnerables.

Inclusión: implica que las políticas, programas, servicios sociales y la comunidad, deben organizarse, planificarse, operacionalizarse o adaptarse para garantizar la prevención e intervención en situaciones de riesgo, así como la aceptación de diferencias y el desarrollo pleno, libre e independiente en un contexto de reconocimiento sobre la importancia de facilitar acceso a la solución de necesidades en la propia comunidad, en alternativas lo menos institucionalizadas y segregadas posible.

Sugiere tomar en cuenta la opinión y participación de los sujetos de la acción, respetando y aceptando diferencias, capacidad y necesidades de cada ciudadano.

Con el término "inclusión", no existe consenso en cuanto a si debe ser utilizado, o en su lugar debe emplearse el término "integración".

Lo importante del concepto está en que hacemos referencia a pensar desde el inicio en comunidades o instituciones diseñadas para todos.

Derechos Humanos.
Este concepto toma significación especial en el campo de las políticas públicas a partir de la Convención de los Derechos del Niño. Considera al niño y la persona como sujeto de derechos y plantea que estos derechos han de orientar y referenciar políticas sociales y públicas.

Tiene gran similitud con la concepción de Desarrollo Humano que utiliza las naciones Unidas para valorar el proceso conducente a alcanzar una vida saludable, adquirir conocimientos, tener acceso a una vida decorosa y disfrutar de derechos humanos junto a una vida democrática y participativa.

Para tal fin, establece que una sociedad basada en derechos humanos, debe estructurarse a través de una visión de la discapacidad como un asunto de derechos humanos, que haga posible la seguridad, el ejercicio de los derechos ciudadanos y la democratización a través de estrategias basadas en la autodeterminación reconocimiento mutuo e interdependencia, igualdad, aplicación de modelos de desarrollo comunitario y una visión de las situaciones de vulnerabilidad y discapacidad como asunto de derechos humanos.

Esta visión de vulnerabilidad implica el desarrollo de políticas integradoras y considerar a la deficiencia como resultado de un desajuste individual y a la discapacidad como resultado de un desajuste social.

Implica además:

> Satisfacción de necesidades básicas, ausencia de violencia y vulnerabilidad.
> Facilitar a todos la participación en todas las actividades y procesos sociales.
> Que las instituciones políticas y sociales antepongan el interés de los destinatarios de su acción.
> Poder determinar libremente las propias metas y desarrollar las aptitudes y potenciales
> Poder constituirse en un ser social interrelacionado con el medio.
> El desarrollo de sistemas de apoyo y la acomodación del ambiente para la participación así como el respeto de diferencias y diversidad.

Planificación basada en la comunidad

El objetivo de mejorar la calidad de vida o de favorecer el crecimiento personal de cada uno de los individuos que conforman una comunidad se logra a través de una estrategia de desarrollo de la comunidad.

Esta estrategia se aplica tanto a nivel de políticas sectoriales (educación, salud, protección social) así como a la solución de problemas de la vida diaria de la comunidad y de la propia persona junto a su familia.

Propone organización y enfoques operativos flexibles y descentralizados procurando modelos gerenciales lo menos jerárquicos posibles. No obstante esta flexibilidad, es rigurosa en cuanto al cumplimiento de metas y objetivos, exactitud y claridad de funciones, derechos y obligaciones de los participantes.

Normalización

Implica la posibilidad de desarrollar una vida los más similar posible a la considerada habitual en la sociedad, vivir experiencias comunes de desarrollo y tener la posibilidad de elección de opciones de vida y de ser respetado.

Este paradigma no hace énfasis en que la persona sea normal, sino en hacer que las condiciones de vida de la sociedad permitan la integración de todas las personas

Diversidad

Hace referencia a las diferencias personales y socioculturales que suponen de manifiesto en las múltiples expectativas, motivaciones, ritmos de trabajo, capacidades y estilos de aprendizaje. Para entender y atender la diversidad debemos diseñar estrategias de respuestas para la misma.

Es imprescindible tener en cuenta que las personas difieren entre sí en término de lo que puedan aprender como por ritmo y modos en que pueden hacerlo, constituyendo esta capacidad diferencial una primer fuente de diversidad.

Igualdad de oportunidades

Concepto que surge del Programa de Acción Mundial sobre las Personas con Discapacidad y se hace operativo en las Normas Uniformes sobre Equiparación de Oportunidades.

Se entiende como "el proceso mediante el cual los diversos sistemas de la sociedad, el entorno físico, los servicios, las actividades, la información y documentación, se ponen a disposición de todas las personas por igual, procuran atender sus necesidades en sus comunidades y en el marco de las estructuras comunes de educación, salud, empleo y servicios sociales". Implica igualdad de derechos, pero asumir responsabilidades.

MÓDULO II

ENFERMEDADES DISCAPACITANTES

TEMA 1

LA ATROFIA MUSCULAR ESPINAL

Descripción

Pertenece a un grupo de enfermedades hereditarias en las que hay una progresiva degeneración muscular y debilidad que conduce finalmente al fallecimiento del paciente. Se afectan unas células del sistema nervioso especializadas llamadas motoneuronas, que controlan los movimientos de los músculos voluntarios.

Afecta a los músculos voluntarios que intervienen en actividades como gatear, caminar, control del cuello y el acto de la deglución, a los músculos más cercanos al tronco.

Existen varios tipos:

Atrofia Muscular Espinal Infantil
  ➤ Tipo I: severo, también llamado Síndrome de Werdnig–Hoffmann.
  ➤ Tipo II: intermedio.
  ➤ Tipo III: leve o Síndrome de Kugelberg-Welander.

Estas categorías son un poco arbitrarias: algunos niños que comienzan con la enfermedad a edad muy temprana pueden mejorar más de lo que se esperaba

Atrofia Muscular Juvenil o Enfermedad de Kennedy (ligada al cromosoma X)

Atrofia Muscular Espinal del adulto

Causas

La atrofia Muscular Espinal (SMA, sus siglas en inglés) es una enfermedad hereditaria autosómica recesiva: ambos padres tienen que ser portadores del gen responsable de la enfermedad. Aunque ambos padres sean portadores, la probabilidad de transmitir el gen defectuoso es del 25%: uno de cada cuatro e independiente en cada nuevo embarazo.

Se han localizado dos genes en el brazo largo del cromosoma 5 (5q13.1): un gen determinante de la enfermedad, SMN (Survival Motor Neuron) y el gen NAIP (Neuronal Apoptosis Inhibitory protein) que, probablemente actúa como modificador del fenotipo (conjunto de las propiedades manifiestas de una persona).

El estudio de las proteínas del gen causante de la atrofia, el SMN1 (Survival Motor Neuron), y de la muerte neuronal fetal demuestra que el AME es consecuencia de una apoptosis (muerte celular) exagerada. La información servirá para determinar los mecanismos afectados por la ausencia del gen SMN1 y, a partir de ahí, diseñar estrategias terapéuticas efectivas para evitar la muerte y degeneración neuronal característica de estos pacientes.

Posiblemente diferentes defectos en el mismo gen provoquen los distintos tipos de Atrofia Muscular Espinal. Debido al defecto en el gen, se afecta la producción de una proteína llamada SMN, necesaria para todas las células, pero especialmente para las motoneuronas; cuando los niveles de SMA son demasiado bajos, las motoneuronas son las primeras células que degeneran, dejando a los músculos sin la estimulación necesaria para ser viables.

Las formas familiares (afecta a otros miembros de la familia) de Atrofia Muscular Espinal en grupos de más edad pueden ser autosómica recesiva, dominante (es suficiente que uno de los progenitores porte el gen defectuoso) o una nueva mutación del gen. Es necesario determinar el patrón de herencia en cada caso en particular.

Herencia recesiva
- Madre Portadora NA
- Portador NA
- No portador NN
- Padre Portador AN
- Portador AN
- Afectado AA
- N: gen normal / A: gen anormal

Herencia dominante
- Padre afectado AN
- Afectado AN
- No afectado NN
- Madre no afectada NN
- Afectado AN
- No afectado NN
- N: gen normal / A: gen anormal

Epidemiología
Se considera la segunda causa principal de enfermedades neuromusculares, con una incidencia de 4 afectados por cada 100000 personas. Se da en ambos sexos por igual (las formas infantiles).

Se calcula que tiene una incidencia de 1/10000 nacidos vivos, con una frecuencia de portadores (llevan una sola copia del gen mutado, por lo que no padecen la enfermedad) entre 1/40 a 1/60

En su forma más grave, se da en uno de cada 6.000 nacimientos y se estima que existen más de 1.000 niños afectados en España.

Síntomas

Tipo I
- ✓ No es capaz de levantar la cabeza.
- ✓ No se progresa en las etapas de crecimiento.
- ✓ Dificultades para deglutir y alimentarse: dificultades para chupar, mamar, etc.

- ✓ Debilidad general, incluido los músculos respiratorios, por lo que el pecho puede aparecer hundido (respiración diafragmática).
- ✓ Abundantes secreciones, lo que dificulta más la respiración.
- ✓ Las extremidades inferiores adoptan la típica postura "en ancas de rana" o "en libro abierto".
- ✓ Falta de reacciones reflejas. Etc.

Tipo II
- ✓ Pueden mantener la posición de sentados, pero se tienen que sentar con ayuda
- ✓ En determinado momento puede permanecer de pié.
- ✓ Deglutir y alimentarse no suele ser problema, pero se puede dar y tener que alimentarse a través de un tubo.
- ✓ Ligero temblor con los dedos extendidos.
- ✓ Puede existir respiración diafragmática.

Tipo III
- ✓ Puede ponerse en pié y caminar solo, pero puede tener dificultades al sentarse o inclinarse.
- ✓ Se puede observar ligero temblor de los dedos extendidos.
- ✓ En las tres formas hay deterioro con el tiempo por causa desconocida.

Tipo IV o Síndrome de Kennedy o Atrofia Muscular Bulbo Espinal
- ✓ Los síntomas comienzan después de los 35 años.
- ✓ Comienzo insidioso de progresión lenta.
- ✓ Los músculos de la deglución y los respiratorios no suelen afectarse.
- ✓ Sólo se da en varones, que pueden tener características femeninas, como el crecimiento de las mamas.

Diagnóstico
En cualquiera de los tres tipos infantiles el diagnóstico de sospecha es fundamentalmente clínico.

Tipo I:

Normalmente se realiza antes de los seis meses. Puede haber ausencia de movimiento fetal al final del embarazo.

Tipo II:

Normalmente se realiza antes de los dos años de edad.

Tipo III

Normalmente se realiza entre los 18 meses y la adolescencia.

Pruebas a realizar

Enzimas en el suero

Se realiza un análisis de sangre, en el que la enzima más estudiada es la CPK (creatin fosfoquinasa). En el tipo I puede tener unos niveles normales, pero puede estar ligeramente elevada.

EMG (Electromiografía)

Es una prueba que mide la actividad eléctrica del músculo. Se insertan unas pequeñas agujas en los músculos del paciente (normalmente en los brazos y muslos) y se observa una señal eléctrica que queda registrada en un aparato. Se mide la respuesta del nervio a los estímulos eléctricos y la velocidad de conducción motora de los nervios.

Biopsia muscular

Se realiza una pequeña incisión para analizar el músculo y verificar la degeneración. Se puede realizar con anestesia local (importante por tener usualmente una débil función respiratoria)

Pronóstico

Constituye la mayor causa de mortalidad infantil en niños menores de dos años, pero sus síntomas de debilitamiento y agotamiento muscular difieren en su severidad de una persona a otra por motivos que aún son desconocidos.

Tipo I
El acto de comer y deglutir es dificultoso, al haber poca fuerza de los músculos respiratorios, ésta resulta fatigosa. Debido al aumento de la debilidad o a las infecciones respiratorias frecuentes, el pronóstico es muy pobre.

Tipo II
Se ha observado una amplia gama de formas de evolución en este tipo, por lo que es difícil predecir la rapidez del progreso de debilitamiento. Algunos niños aprenden a caminar con ayuda de muletas o bastón y pueden sobrevivir hasta la mayoría de edad. Sin embargo otros, debido al debilitamiento de los músculos respiratorios padecen frecuentes infecciones respiratorias que condicionan su pronóstico.

En ocasiones la debilidad inicial puede permanecer estable, pasar por periodos peores, etc. Aunque no todos los niños desarrollan debilidad de los músculos respiratorios, la causa de fallecimiento suele ser por fallo respiratorio.

Tipo III
Hay una gran variabilidad, aunque el pronóstico es muy bueno. Frecuentemente puede caminar y puede funcionar con total normalidad durante años antes de necesitar ayuda. Hay que tomar precauciones debido a que puede presentarse infecciones respiratorias.

Tratamiento
En la actualidad todavía no se dispone de un tratamiento específico para parar o curar ninguno de los tipos de Atrofia Muscular Espinal, pero la terapia física y los aparatos ortopédicos pueden preservar la habilidad de caminar por más tiempo. También los aparatos ortopédicos o ciertas operaciones quirúrgicas pueden ayudar a contrarrestar la escoliosis (curvatura anormal de la columna).

Existen distintas líneas de investigación. Además de las pruebas en los modelos animales, a partir del próximo año son inminentes la puesta en marcha de distintos ensayos terapéuticos en algunos grupos de pacientes con AME tipo II y III.

El fallo ventilatorio y las infiltraciones pulmonares (neumonía) que conducen frecuentemente al fallo respiratorio agudo pueden prevenirse instruyendo al paciente en cómo evitar la hipoventilación (respiración poco profunda) y en la forma de eliminar las secreciones eficazmente en casa.

Tipo I

Juegos como terapia física. El fisioterapeuta debe darle instrucciones sobre los movimientos a realizar, así como un sistema de asiento ideal útil y confortable que le permita la máxima movilidad.

También debe recibir instrucciones de cómo limpiar las secreciones de moco de las vías respiratorias; en ocasiones es necesario una maquina de aspiración. Realización de ejercicios que estimulen la fuerza respiratoria.

Ejercicios en el agua, que permite el movimiento de brazos y piernas. Cuidado que no aspire agua, pues llega a los pulmones.

Alimentación

La pérdida de peso puede ser un problema importante y en ocasiones es necesario ayudarle:
- Sonda nasogástrica: se inserta un tubo por la nariz que va directamente al estómago.
- Tubo gástrico: procedimiento quirúrgico en el que se inserta un tubo directamente en el estómago

Ventilación

En ocasiones es necesario ayudar al niño a respirar y se puede hacer de varias maneras:

Ventilación por presión negativa.

IPPV (ventilación intermitente de presión positiva): mediante una máscara se suministra oxígeno permitiendo una máxima inspiración y expiración.

La IPPV con boquilla es el método más versátil y preferido por el paciente para un soporte ventilatorio no invasivo a largo plazo.

Si se utiliza IPPV no invasiva para mantener la ventilación alveolar, el tosido asistido para limpiar las secreciones de las vías respiratorias y oximetría como comprobación, se puede mantener el grado de saturación de oxígeno dentro de límites normales sin ayuda de oxígeno suplementario o intubación traqueal.

Tipo II
Mantenerse derecho es importante para el desarrollo del niño, permitiéndole una mejor función respiratoria, intestinal y estimula la movilidad. Lo ideal para aumentar la movilidad y la independencia es la silla de ruedas; otra opción son las muletas.

La escoliosis (curvatura anormal de la columna vertebral) es una condición que se en la mayoría de los pacientes, lo que limita la función pulmonar, por lo que hay que tomar medidas pronto: uso de corsés o incluso la fusión espinal.

Si el niño padece infecciones en vías respiratorias de repetición, infórmese de la máquina IPPV (Intermittent Positive Pressure Breathing): ayuda en la función respiratoria y en la eliminación de secreciones. También puede ser de utilidad la utilización de un espirómetro: aparato para medir la capacidad pulmonar: cuando el volumen es bajo normalmente indica un aumento del moco o un resfriado en desarrollo, por lo que se pueden tomar medidas de una manera precoz.

La dieta es muy importante en el crecimiento del niño. Considere que un exceso de peso dificulta más la movilidad.

Tipo IV

Debe estar informado de su debilidad y sus limitaciones. Junto con su médico y fisioterapeuta deben elaborar un programa personalizado. La nutrición y la dieta son factores importantes para su bienestar, así como mantener un cuerpo y mente saludables.

Medidas Preventivas

La persona que conozca que es portadora del gen de la Atrofia Muscular Espinal, debe buscar asesoramiento de un consejero genético, que le ayudará a entender los riesgos y la posibilidad de que otro niño se encuentre afectado. Le realizará una historia familiar completa, en la que incluye cualquier enfermedad, fallecimientos, causa de la muerte, nacimientos y abortos de cada miembro de la familia. Con toda la información, podrá identificar a probables personas portadoras de un gen defectuoso.

En algunas ocasiones es necesario realizar estudios de laboratorio: los exámenes prenatales tienen una fiabilidad, en la actualidad del 98%.

DISTROFIA MUSCULAR

Descripción
Como distrofia muscular se conoce a un grupo de enfermedades, todas hereditarias, caracterizadas por una debilidad progresiva y un deterioro de los músculos esqueléticos, o voluntarios, que controlan el movimiento. Dependiendo de la enfermedad, puede afectar a diferentes edades, severidad de los síntomas diferente, músculos afectados y rapidez de progresión.

Los tipos de Distrofia Muscular más frecuentes son:

- Miotónica
- De Duchenne
- De Becker
- Del anillo óseo
- Facioescapulohumeral
- Congénita
- Oculofaríngea
- Distal
- De Emery-Dreifuss

La forma más frecuente y grave es la distrofia muscular Duchenne, que afecta a jóvenes varones, en una proporción de 1 entre cada 3500 varones nacidos, con una expectativa de vida alrededor de los 20 años. Las complicaciones serias en más del 80 por ciento de los pacientes están relacionadas con problemas pulmonares, donde hay insuficiencia ventilatoria (respiratoria) y cuadros infecciosos severos.

Causas
Toda forma de distrofia muscular es causada por un defecto en un gen. Los genes son las unidades básicas de la herencia en el organismo y determinan características físicas hereditarias como la estatura, el color del cabello y el desarrollo muscular. Los científicos

calculan que el ser humano tiene entre 50,000 y 100,000 genes, los cuales en conjunto forman el detallado plan de acción para el futuro desarrollo, crecimiento y funcionamiento del individuo.

En la mayoría de los casos, la tarea de un gen específico es decirle a las células cómo hacer una proteína específica. A través de toda su vida, una célula muscular fabrica 10,000 proteínas diferentes, cada una de las cuales tiene una función específica, esencial para el crecimiento, desarrollo o actividad muscular normales. Una anormalidad que se presente en uno sólo de esos genes, impidiendo la producción de una sola de esas 10,000 proteínas, puede causar una enfermedad de los músculos como la distrofia muscular.

Los genes se encuentran en el interior de las células en unas estructuras llamadas cromosomas. Cada persona tiene 46 cromosomas; 44 forman 22 parejas, llamados autosomas, que están formadas de grupos idénticos de genes. Un cromosoma de cada pareja de hereda de la madre, el otro del padre. Los dos cromosomas restantes (cromosomas X e Y) son los cromosomas sexuales y determinan el sexo del niño.

El hombre lleva un cromosoma X que hereda de la madre y un cromosoma Y, que hereda del padre. La mujer lleva dos cromosomas X, uno de la madre y otro del padre. Una parte del ADN se encuentra en las mitocondrias de las células, las cuales tienen genes importantes en su propia hebra de ADN, lo que se denomina cromosoma mitocondrial.

Todos los cromosomas mitocondriales del hijo provienen de la madre: herencia materna. Las enfermedades genéticas se llaman recesivas y dominantes. Lo rasgos genéticos dominantes son aquellos que se presentan cuando un gen del par de genes puede controlar el rasgo para el cual ese par de genes codifica y los rasgos recesivos requieren que ambos genes del par trabajen juntos para controlar el rasgo.

Las diferentes formas de la distrofia muscular se pasan de los padres a los hijos de acuerdo a uno de los patrones de herencia:

Dominante En la herencia autosómica dominante, las anomalías generalmente aparecen en cada generación y cada niño afectado tiene un padre igualmente afectado y cada niño de padre afectado tiene un 50% e probabilidades de heredar la enfermedad. Los miembros normales no transmiten la enfermedad y los hombres y mujeres tienen la misma probabilidad de padecer la enfermedad y de transmitirla.

Recesivo. En la herencia autosómica recesiva, el gen normal puede suplir la función del anormal, por lo que para que se desarrolle la enfermedad es necesario que los dos pares de genes se encuentren afectados. Los padres de una persona afectada no tienen por qué tener la enfermedad y la posibilidad de que los hermanos o hermanas de un niño afectado tengan la enfermedad es el 25%.

A las personas que tienen un solo gen anormal en el par de genes se les llama portadores En los trastornos recesivos, un niño tiene un mayor riesgo de enfermedad si los padres tienen lazos de consaguinidad o en aquellos grupos cerrados que se casan entre sí.

Herencia recesiva ligada al cromosoma X. La incidencia de la enfermedad es mucho mayor en los hombres.

Como el gen anormal lo aporta el cromosoma X, los hombres no lo transmiten a sus hijos sino a todas sus hijas. La presencia de un cromosoma X normal enmascara la presencia de uno anormal, por lo que las hijas de un hombre afectado por la enfermedad parecen normales, pero todas son portadoras del gen anormal y sus hijos tienen un 50% de probabilidades de recibir un gen defectuoso.

Herencia dominante ligada al cromosoma X. El gen defectuoso se manifiesta por sí mismo en las mujeres, aun en la presencia de un cromosoma X normal. Los hombres pasan su cromosoma Y a sus hijos varones, por lo que los padres afectados no tendrán hijos varones afectados, pero sí tendrán todas las hijas mujeres afectadas. Los hijos o las hijas de las mujeres afectadas tendrán un 50% de probabilidad de adquirir la enfermedad.

Se sabía que todas las formas de distrofia muscular son causadas por defectos genéticos, pero se desconocía la identidad de los genes implicados y las proteínas que estos producen. Un equipo de científicos descubrió el gen defectuoso que provoca las distrofias musculares de Duchenne y de Becker y también la proteína que está implicada, la distrofina. Se sigue estudiando en la búsqueda de la causa de todos los tipos de distrofia muscular.

Epidemiología

Su presencia es mundial, y no hay país donde no haya individuos afectados por algún tipo de distrofia muscular. Se considera que la distrofia muscular en general tiene una incidencia cercana a 1 entre cada 2000 nacimientos; mientras que de forma individual la incidencia de los dos tipos de distrofia muscular más comunes, la DM Miotónica (la forma adulta más común) y la DM tipo Duchenne (la forma infantil más común y severa), es de 1 entre cada 10 000 personas nacidas (de ambos sexos) en la primera, y de 1 entre cada 3500 varones nacidos en la segunda.

Síntomas

- Debilitamiento muscular.
- Contracturas musculares.

Las contracturas musculares son después del debilitamiento muscular el síntoma que más comúnmente se presenta en la mayoría de los tipos de distrofia muscular, especialmente en la DM tipo Duchenne y Becker. Los músculos se acortan y pierden elasticidad, provocando que las articulaciones se vayan apretando poco a poco, perdiendo movilidad. Con el tiempo se convierte en un problema muy importante ya que limita su movilidad y aumenta los efectos del debilitamiento físico, dificultando las actividades de la vida cotidiana. Por ello es importante prevenir y minimizar sus efectos en lo posible.

Cómo se producen

Las contracturas se producen por:

> **Proceso de fibrosis:** el tejido muscular al verse dañado continuamente y no poderse regenerar correctamente por

efecto de la enfermedad, es suplido en parte por tejido fibroso y graso. Este nuevo tejido a diferencia del muscular normal, no tiene las mismas capacidades de flexibilidad y elasticidad, por lo que hace que el músculo tienda a acortarse con el tiempo, haciéndose menos funcional y limitando la movilidad de la articulación.

> **Falta de movilidad de las articulaciones.**

> **Debilitamiento impar de los músculos que mueven las articulaciones.** Un caso en el que este debilitamiento impar es notorio, es en los músculos que levantan y bajan la punta del pie, donde el músculo del frente de la pantorrilla se ve mas debilitado que el de detrás de la misma, provocando la notable característica de caminar de puntas en el afectado.

Las articulaciones que se ven más afectadas son los hombros, caderas, rodillas, codos, tobillos, muñecas y los dedos. En las rodillas, codos y dedos se caracteriza por no poder extender la articulación. En el tobillo hay dificultad para levantar la punta del pie y poner el pie en ángulo recto. En la muñeca hay dificultad de levantar la mano con la palma hacia abajo.

La distrofia muscular no solamente afecta los músculos de las extremidades, mientras avanza la enfermedad se ven afectados el corazón y los músculos respiratorios.

> **Escoliosis**
La escoliosis es un encorvamiento lateral no natural de la columna vertebral. Esta condición se puede dar en los niños por diversas razones. En la distrofia muscular y algunos otros desordenes neuromusculares, muchas veces se desarrolla debido al debilitamiento de los músculos espinales que mantienen la columna vertebral en posición recta, tanto al permanecer de pie como al sentarse.

En niños jóvenes el debilitamiento de los músculos espinales puede empezar a producir un encorvamiento de la columna desde etapas muy tempranas, muchas veces después que el niño comienza a mantenerse sentado por sí mismo.

La escoliosis también puede aparecer después, cuando ya es prácticamente imposible caminar. Cuando el niño se hace mayor, pierde movilidad y pasa mucho tiempo sentado, el encorvamiento de la columna tiende a incrementarse. Lo que al principio puede ser un encorvamiento flexible se puede convertir en rígido, no existiendo ningún tratamiento que lo corrija de una manera completa.

Al principio se produce una inclinación lateral de la pelvis, con la consiguiente dificultad para sentarse. Posteriormente, la escoliosis puede provocar una alteración en la forma de la caja torácica, restringiendo la capacidad de los pulmones y el respirar cuesta más trabajo. Este es el motivo básico por el que hay que retrasar su aparición lo máximo posible, además se debe permitir que se encuentre mejor sentado y tenga más libertad de movimiento en los brazos.

Problemas cardiacos
Hay dos tipos de problemas cardiacos que se asocian con más frecuencia a las Distrofias Musculares:

Cardiomiopatía
Se trata de una anomalía del corazón, que es un músculo. Se da con mayor frecuencia en la Distrofia Muscular de Duchenne y Becker. La causa de esta cardiomiopatía es probablemente la falta de la proteína distrofina, la misma que falta en los músculos esqueléticos y que por ello hay un debilitamiento progresivo generalizado, deterioro muscular y complicaciones respiratorias.

También es necesaria en el músculo cardiaco y, probablemente su falta total en la DM Duchenne y parcial en la de Becker, conduce a una pérdida de células del músculo cardiaco tras el esfuerzo que supone la constante contracción del corazón para expulsar la sangre.

La cardiomiopatía se presenta normalmente de dos formas:

- Aumento de tamaño: las paredes del músculo cardiaco crecen de tamaño y las cámaras principales de bombeo, los ventrículos, tienen menos espacio para contener la sangre.
- Dilatación: el músculo del corazón se dilata y expande; los ventrículos se hacen más espaciosos y "flácidos".

En cualquiera de los dos casos, si el problema es muy severo se produce una insuficiencia cardiaca. La palabra insuficiencia cardiaca puede sonar a grave, y aunque lo es, no significa que el corazón se vaya a parar, sino que es una condición en que el corazón no puede satisfacer adecuadamente las necesidades de sangre y nutrientes (oxígeno) de los tejidos. La insuficiencia cardiaca puede ser tratada y progresar más lentamente con medicación y otros medios. Algunas personas con insuficiencia cardiaca severa sólo pueden sobrevivir gracias a un trasplante de corazón.

En personas que no hacen ejercicio como en el caso de muchachos mayores con Duchenne puede que los síntomas no se presenten hasta que se encuentre avanzado el proceso. En los casos donde la persona puede realizar ejercicio, siente falta de aire y fatiga (disnea) por el esfuerzo, porque los tejidos del cuerpo no pueden recibir la cantidad de sangre que demanda el ejercicio. Cuando avanza la enfermedad, esta disnea se da en reposo.

Arritmia cardiaca
Anormalidad en el sistema eléctrico que regula el ritmo de los latidos del corazón. Se da con mayor frecuencia en la Distrofia Muscular Miotónica y de Emery-Dreyfuss.

Diagnóstico
Historia médica y familiar
Evidentemente, al ser una enfermedad hereditaria, son muy importantes los antecedentes familiares.

Esenciales para la diagnosis son los detalles de cuándo se presentó la debilidad por primera vez, su nivel de severidad, y qué músculos están afectados. Se comprueba la fuerza de los músculos de los brazos, piernas, hombros y caderas; también los músculos faciales. Cada enfermedad neuromuscular muestra un patrón típico y específico. Un diagnóstico final está basado en gran medida en los patrones musculares detectados durante el examen clínico.

Biopsia muscular
Se estudia un pequeño trozo de tejido muscular que se ha tomado del paciente. Esto muchas veces le permite al médico determinar si el trastorno es distrofia muscular y cuál es la forma en que se presenta. La biopsia se hace sobre el tejido muscular, siendo una cirugía leve, utilizándose solo anestesia local en la mayoría de los casos, y en general no causa molestias significativas. La anestesia general esta acompañada de un número importante de riesgos.

Electromiografía
Se colocan pequeños electrodos dentro de los músculos y se puede crear una gráfica que indica el estado de salud de los músculos y nervios del organismo.

Cuando un músculo se contrae, se produce un flujo eléctrico en el tejido muscular en respuesta a la señal eléctrica de los nervios. El patrón eléctrico de este flujo eléctrico, se conoce muy bien en un músculo sano. En el caso de la Distrofia Muscular, el tejido muscular funciona de manera anormal, por lo que el flujo eléctrico en respuesta a la señal eléctrica de los nervios será anormal, produciendo un patrón anormal de este flujo, el cual puede ser reconocido.

Análisis de sangre
Los exámenes de sangre son útiles puesto que los músculos en deterioro sueltan enzimas que se pueden detectar en la sangre. La presencia de estas enzimas en la sangre en niveles mayores a los normales puede ser indicación de distrofia muscular. El valor de estas pruebas es enorme en las etapas iniciales de la enfermedad, incluso puede que antes de comenzar los síntomas. Una vez instaurada la enfermedad, la masa muscular puede estar tan reducida, que los niveles de proteínas de suero en plasma estén normales: Creatina Kinasa

Exámenes genéticos

En algunos tipos de Distrofia Muscular es posible examinar el código genético de la persona afectada, buscando si existe algún problema con un gen relacionado a alguno de esos tipos de la enfermedad. En general este tipo de examen genético es de uso reciente, y debido a que en sólo algunos tipos de Distrofia Muscular se conoce con seguridad la localización del gen anormal, no siempre es posible utilizarla para todos los tipos, o quizás se requieran muestra de varios familiares del afectado.

Por otro lado este tipo de examen tiende a ser mucho más costoso que los anteriores, y llevar más tiempo en obtener un resultado, además no siempre se realiza en el país del afectado.

Aun a pesar de lo anterior cuando se conoce bien el gen implicado, es de gran exactitud, e incluso sirve para identificar a una persona portadora y conocer sus posibilidades de heredar la enfermedad.

Pronóstico

Se trata de enfermedades progresivas de mal pronóstico ya que pueden terminar con la muerte o con graves limitaciones.

Todos los tipos de DM empeoran de forma progresiva, pero la velocidad y magnitud de la discapacidad son variables. La distrofia muscular de Becker se vuelve una discapacidad progresiva lenta. Aunque es posible tener una vida relativamente normal, la muerte ocurre después de los 40 años.

Complicaciones
-   Deformaciones.
-   Incapacidad permanente, progresiva.
-   Disminución de la movilidad.
-   Disminución de la capacidad de cuidarse a sí mismo
-   Deterioro mental (variable)
-   Cardiomiopatía
-   Insuficiencia respiratoria (puede causar la muerte)

Tratamiento

Por el momento no existe una cura o tratamiento efectivo para detener o revertir su desarrollo; sin embargo, existen una serie de tratamientos paliativos que pueden mejorar algunos de los síntomas, por lo menos en algún pequeño grado, o hacer más lento su inevitable avance.

Terapia física, ocupacional y respiratoria

La terapia física no puede detener el proceso de la enfermedad ni restaurar el tejido muscular afectado, pero podrá ayudar a mantener funcionando los músculos que aún se encuentran saludables y demorar el inicio de contracturas.

Tratamiento con corticoides

Varios especialista ahora son defensores del uso de cortico esteroides en DM tipo Duchenne y tipo Becker, y ocasionalmente la han tratado de usar en otras distrofias musculares.

Los cortico esteroides catabólicos, disponibles desde los años cincuentas y usados en una larga lista de condiciones, tienen efectos secundarios serios cuando se toman a largo plazo:
- ✓ Aumento de peso.
- ✓ Retención de líquidos.
- ✓ Elevación de la presión arterial.
- ✓ Cataratas.
- ✓ Úlcera de estómago.
- ✓ Destrucción ósea (osteoporosis).
- ✓ Alteraciones en la piel: estrías.
- ✓ Cambios en la personalidad.
- ✓ Retraso de la pubertad en el adolescente.
- ✓ Suprimen el sistema inmunológico y aumentan los niveles de azúcar en la sangre de manera secundaria.

Tratamiento de contracturas

Podemos distinguir los siguientes:

> **Tratamiento físico**

Por medio de ejercicios físicos de estiramiento, especialmente diseñados para manejar las contracturas y realizados por un terapeuta físico, otra persona o el mismo afectado, se trata de lograr que los músculos y las articulaciones se mantengan lo más flexibles posible, y que por medio de los mismos también la fuerza muscular. Todos estos ejercicios deben ser recomendados por un terapeuta físico calificado.

> ## Implementos ortopédicos
> Por medio de estos se trata de lograr que la articulación y los músculos implicados se mantengan estirados el mayor tiempo posible, previniendo la aparición y el avance de las contracturas. El implemento que se utiliza con más frecuencia son las férulas, que a modo de entablillado, actúan sobre las articulaciones de la rodilla y el tobillo manteniendo estirados los músculos susceptibles a sufrir de contracturas. Las férulas se recomiendan usar durante las noches, o al menos una vez al día para cumplir su objetivo.

> ## Procedimientos quirúrgicos
> Se hacen pequeñas incisiones y/o cortes en diversos tendones de los músculos, siendo realizados principalmente en el tendón de Aquiles. Seguido a los procedimientos quirúrgicos, se aplica el uso de ciertos implementos ortopédicos para mantener la movilidad y balance de la articulación.

Tratamiento escoliosis

Mantener la capacidad de caminar y retrasar estar en posición sentada el mayor tiempo posible Los que pueden caminar de manera prolongada pero tienen una escoliosis que va en aumento, se pueden beneficiar de los corsés para fijar la columna, pero si le resulta difícil caminar, el corsé lo hará más. Es cuando se puede plantear la operación quirúrgica.

Los niños que han perdido la capacidad de caminar desde pequeños se pueden beneficiar de un soporte para la columna para retrasar el progreso del encorvamiento y puede ser la mejor solución para pode esperar a que el niño haya crecido lo suficiente para poder someterse a una operación para corregir la escoliosis y estabilizar la columna.

En atrofia muscular espinal y miopatía congénita

No se considera la cirugía en los niños pequeños, en los que el crecimiento es rápido, a no ser que la deformidad sea severa. En la niñez tardía o en la adolescencia se aconseja si el encorvamiento está aumentado y la salud del niño es buena.

DM tipo Duchenne y atrofia espinal muscular tardía

Cuando el niño no puede mantenerse lo suficiente en pie, la escoliosis puede comenzar a progresar y volverse un problema. Diversas investigaciones han mostrado que cuando el encorvamiento alcanza una curva de 20 grados, es cuando comienza a progresar rápidamente y suele recomendarse la realización de la operación en esta etapa para prevenir el deterioramiento.

Si la decisión de operar se retrasa hasta una etapa más tardía, la operación será más complicada por las dificultades relacionadas con la anestesia, con los problemas de la función pulmonar y el efecto de la anestesia en el corazón.

La decisión de sí se debe llevar a cabo la operación, solo puede hacerse por los padres de niños afectados o por el afectado con asesoría de la familia, el pediatra y el cirujano ortopédico. En la decisión debe considerarse que la operación por si misma exigirá un alto grado de destreza quirúrgica, necesitándose un equipo médico experimentado.

El perfeccionamiento de las técnicas quirúrgicas, junto a un cuidadoso monitoreo de la médula espinal, y en combinación con un anestesista experimentado, hacen que hoy en día sea recomendable la realización de correcciones quirúrgicas en deformidades de columna en niños con Distrofia Muscular tipo Duchenne.

Muchas veces le será de mucha ayuda a las familias que están considerando la cirugía de columna, contactar a otras familias que ya han pasado por la experiencia y poder discutir la situación con ellas.

Medidas preventivas
Asesoría genética en caso de antecedentes.

Rehabilitación
La rehabilitación tiene como objetivo incrementar y mantener el funcionamiento y la movilidad, así como evitar la deformidad y proporcionar las vías para adquirir una vida independiente y una plena integración en la sociedad.

Tiene que haber un equipo multidisciplinar con médicos, enfermeras, terapeutas, consejeros sociales, psicólogos, etc. que puedan orientar y proporcionar un tratamiento rehabilitador individualizado.

El estiramiento, la corrección quirúrgica de las deformidades de la columna y de las contracturas, la utilización de soportes en las piernas, puede mejorar o prolongar las posibilidades de caminar y el uso funcional de las extremidades.

El debilitamiento de la musculatura esquelética es el principal problema de los afectados. Se han realizado estudios serios para analizar los efectos del ejercicio en la enfermedad y se ha comprobado que en los desórdenes neuromusculares de progresión lenta, un programa de ejercicios de resistencia moderada, donde se utiliza el 30% de la máxima fuerza isométrica, durante 12 semanas, se consigue un aumento del 4 al 20% de la fuerza sin ningún efecto adverso. En un programa de elevada resistencia no aumentaba de manera proporcional el beneficio y en algunas personas incluso se vio un debilitamiento por el exceso.

Teniendo en cuenta que un ejercicio excesivo en Duchenne puede ser perjudicial, hay que realizarlo con gran cautela y sentido común. El tejido muscular deficiente de la proteína distrofina es muy susceptible de sufrir daño por el ejercicio. Los pacientes que participan en un programa e ejercicios deben saber advertir los signos de debilitamiento por exceso de ejercicio: sensación de debilidad antes de los 30 minutos de comenzar, excesivo dolor muscular tras 24 o 48 horas, calambres musculares, pesadez en las extremidades y la falta de aire.

De todas maneras, un ejercicio aeróbico suave y de bajo impacto, como caminar, nadar, la bicicleta estática, mejora la capacidad cardiovascular e incrementa la eficacia de la actividad muscular, con lo que se combate la fatiga física. El ejercicio aeróbico no sólo mejora la función física, sino que también mejora el estado de ánimo, ayuda a mantener un peso corporal ideal y la tolerancia al dolor.

Aunque hay cierta variabilidad, el desarrollo de contracturas en las articulaciones y de escoliosis es importante. Las contracturas parece que esta en relación con una prolongada posición estática de las extremidades, desarrollándose habitualmente después de empezar a utilizar la silla de ruedas. El uso continuado de silla de ruedas y la falta de soportar peso en las extremidades inferiores, contribuye a acelerar la formación de contracturas.

Las contracturas en las extremidades superiores se pueden dar en pacientes con capacidad de caminar. Un estiramiento estático moderado y el uso de férulas podrían aminorar la progresión de las contracturas, pero necesita un estudio en profundidad.

Los métodos ortopédicos para controlar las contracturas permiten al paciente sostenerse en pie, pero parece que lo que más inhibe el poder andar es la debilidad, no la contractura, según algunos estudios.

ACTUACIÓN CON LOS ENFERMOS DE DISTROFIA MUSCULAR

Hermanos
No es fácil asimilar el que un hermano tenga una enfermedad que se llama distrofia muscular. Su enfermedad seguro que va a hacer pensar y a poner triste. No hay nada malo con los sentimientos, aunque sean de rabia, resentimiento o vergüenza. Es normal.

Es natural sentirse mal a veces o estar preocupado, especialmente si resulta difícil hablar de los sentimientos que surgen con la enfermedad. Muchas veces, los hermanos y hermanas como tienen preocupaciones añadidas, porque no tienen la información que necesitan sobre la distrofia muscular. Por eso es muy importante que se comprenda lo mejor posible cómo es la enfermedad..Cuanto más se aprenda, mejor se podrá sentir.

Debe hacerse ver la importancia de compartir los sentimientos. Hablar de ello y pedir toda la información precisa.

Seguro que hay muchas preguntas, muchas cosas y no se encuentran respuesta. No hay que tener miedo de hacer todas las preguntas que se necesiten a las personas que pueden ayudar.

Vamos a resumir un poco de información que puede ayudar:

- Es una enfermedad que se hereda y hace que los músculos se pongan muy débiles, pero no produce ningún dolor.

- Cuando decimos que es hereditaria nos referimos a que pasa de una generación a otra en la misma familia, no se contagia ni nadie tiene la culpa.

- Es muy difícil que un hermano mayor tenga la enfermedad en el futuro y si es niña casi imposible.

- La enfermedad todavía no tiene cura, pero los científicos ya saben por qué se produce y eso les ayudará a encontrarla.

- Casi siempre ocurre en los niños no en las niñas, y comienza cuando es pequeño, es muy raro que les pase a los mayores.

- La mayoría de los niños con distrofia muscular sólo tienen débiles los músculos, pero en lo demás pueden ser fuertes y ser los primeros de la clase, pues no tienen dificultad para ver, oír, hablar ni pensar y pueden ir al mismo colegio que los demás.

- Con el tiempo, cuando tenga las piernas muy débiles puede que al principio necesite unos aparatos que se ponen debajo de la ropa para poder andar, pero cuando sea más mayorcito puede que necesite una silla de ruedas para moverse.

➤ Con las manos no va a tener problemas, pues aunque las tenga débiles, va a poder hacer todo lo que quiera.

Amigos

Algunos niños no pueden correr como otros. Aunque llegan a su destino, lo hacen más lentamente porque sus piernas son más débiles y les cuesta mucho saltar, correr, subir las escaleras o alcanzar a los otros niños cuando juegan. Esto se llama debilidad muscular y es causada por una enfermedad llamada distrofia muscular.

La enfermedad no altera la facultad de pensar, estudiar, soñar, hacer planes de futuro o aprender. Muchos jóvenes con distrofia muscular tienen la capacidad de ir a la Universidad y tener su trabajo.

El que tengan las piernas débiles, no significa que no puedan hacer muchas cosas, como leer o escribir o juegos que puedan realizar sentados o cosas realmente importantes que no requieren las piernas como ser o tener un buen amigo, ser feliz en definitiva. Está claro que son diferentes pero no mejores ni peores; pero todos podemos intentar ser un poco diferentes para ser un poco mejores.

Los niños con distrofia muscular son personas especiales y todos deberíamos sentirnos orgullosos de lo que pueden hacer. Cuando una persona tiene que trabajar duro para conseguir un objetivo es digna de admiración. La mejor manera de ayudar a los niños con distrofia muscular es demostrándoles nuestro cariño y hacerles sentir que tienen un amigo.

Padres

A los padres hay que decirles que siempre consideren al niño como una persona y que la enfermedad es sólo un aspecto de su vida. Haga hincapié en las cosas que el niño puede hacer y procure que busque la forma de realizar las cosas que desea. Los niños siempre encuentran formas creativas e imaginativas para poder participar en todas las actividades que se planteen.

Hay que realizar las actividades familiares normales, salir de vacaciones y realizar actividades recreativas. Con imaginación y paciencia, encontrará formas de hacer casi cualquier cosa. Hay que pensar que hay más miembros en la familia que requieren su atención y usted también necesitará ayuda; pídala.

Hay que tratar al enfermo exactamente igual que a cualquier hijo, inculcándole disciplina, responsabilidad, esperanza y amor. Con la sobreprotección sólo conseguiremos que nunca sea independiente.

TEMA 3

LA OSTEOPOROSIS

Descripción

La osteoporosis es el adelgazamiento y debilitamiento de los huesos. Si este deterioro no se trata, el esqueleto termina por ser sumamente frágil y algunos huesos tienden a romperse (o fracturarse) con traumatismos muy pequeños.

Aunque el proceso de pérdida se produce poco a poco desde la mitad de la treintena, es tan lento que puede pasar mucho tiempo antes de que nos demos cuenta.

En general, las mujeres corren mayor riesgo de osteoporosis que los varones. Ello se debe a que después de la menopausia las mujeres sufren una rápida pérdida de hueso, como consecuencia del descenso de la formación de estrógenos.

La pérdida de hueso suele ser un proceso indoloro hasta que se produce una fractura. Por ello, es frecuente que las mujeres ignoren que sufren osteoporosis hasta que, de repente, sufren una fractura inesperada y dolorosa cuando tienen 50, 60 ó 70 años.

El modo más común en que una mujer puede descubrir que tiene osteoporosis es cuando sufre una fractura de muñeca o de cadera tras

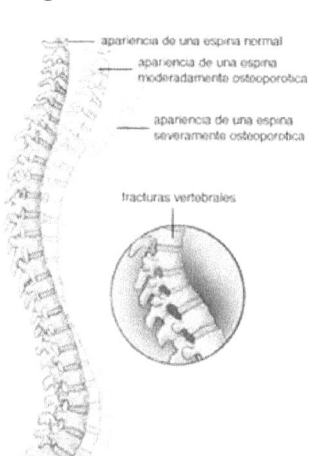

apariencia de una espina normal
apariencia de una espina moderadamente osteoporótica

apariencia de una espina severamente osteoporótica

fracturas vertebrales

una caída aparentemente menor. Otras mujeres pierden talla, desarrollan una joroba dorsal u observan que la ropa ya no les queda bien a medida que envejecen.

Ello sucede cuando las vértebras (los huesos que forman la columna vertebral) son tan frágiles que un movimiento diario normal, como toser o levantar un peso, hace que se colapsen. Este colapso también puede ser muy doloroso.

Las fracturas osteoporóticas, especialmente las de la cadera y la columna vertebral, producen muchas veces dolor e invalidez.

Mientras que la fractura de muñeca suele curar sin apenas deformidad residual, muchas pacientes no se recuperan por completo de una fractura de cadera o vertebral.

La discapacidad resultante puede influir en la capacidad de la persona para trabajar o cuidar de su familia, y puede ser tan grave que la obligue a depender de otras personas, muchas veces requerirán ayuda de su familia o cuidado de un profesional de la salud en el hogar.

Todo paciente con fractura de cadera requerirá asistencia al caminar por varios meses, y aproximadamente la mitad requerirá andadores o bastones para moverse alrededor de su casa o afuera para el resto de la vida.

Después de la menopausia, casi todas las mujeres corren un riesgo mayor de osteoporosis, aunque ciertos factores relacionados con la forma de vida, la herencia o la enfermedad pueden aumentar ese riesgo.

Causas y Factores de Riesgo
La osteoporosis se presenta cuando el organismo no es capaz de formar suficiente hueso nuevo o cuando gran cantidad del hueso antiguo es reabsorbido por el cuerpo o en ambos casos.

El calcio y el fosfato son dos minerales esenciales para la formación normal del hueso y a lo largo de la juventud, el cuerpo utiliza estos minerales para producir huesos. Si el consumo de calcio es insuficiente o si el cuerpo no absorbe suficiente calcio de la dieta, se puede afectar la formación del hueso y los tejidos óseos.

A medida que las personas envejecen, el calcio y el fosfato pueden ser reabsorbidos de nuevo en el organismo desde los huesos, lo cual hace que el tejido óseo sea más débil.

Ambas situaciones pueden provocar huesos frágiles y quebradizos.

Pese a ser la osteoporosis consecuencia de la interacción de múltiples factores, está muy extendida la costumbre de clasificarla etiológicamente en ciertos tipos, como si cada uno de ellos respondiera a un factor causal único. Aunque ello es incorrecto, se acepta por resultar útil desde el punto de vista práctico.

La clasificación establece dos grandes tipos: **osteoporosis primaria** y **osteoporosis secundaria**. Hablamos de **Osteoporosis secundaria**, cuando está ocasionada por una enfermedad o proceso concomitante, como por ejemplo: tratamiento prolongado con corticosteroides, hiperparatiroidismo, hipertiroidismo, tumores óseos.

La **Osteoporosis primaria**, hace referencia a aquella que se produce asociada al proceso normal de envejecimiento. En el caso de las mujeres, es más importante y se inicia antes en concomitancia con la menopausia.

Esta información le ayudará a identificar los factores que pueden aumentar el riesgo de desarrollar osteoporosis y los cambios de su forma de vida que pueden contribuir a reducir ese riesgo.

En caso necesario, su médico comentará con usted otras opciones existentes para prevenir y tratar la osteoporosis.

En las enfermedades multifactoriales no suele hablarse de "causas" de la enfermedad, sino de **"factores de riesgo"**. La lista de factores de riesgo de la osteoporosis es larga (se han descrito unos ochenta), a continuación especificamos los más importantes:

- ✓ **Edad** (la osteoporosis es más frecuente en el último tercio de la vida).
- ✓ **Factores genéticos:** sexo (la osteoporosis es más frecuente en la mujer); raza (es más propensa la raza blanca), carácter

familiar (mayor incidencia en hijas de madres osteoporóticas), enfermedades hereditarias (osteogénesis imperfecta); constitución (delgadez).

✓ **Factores hormonales:** tiempo de exposición a las hormonas sexuales (la incidencia de osteoporosis es mayor si la menopausia es precoz, la menarquía es tardía, existen baches amenorreicos o hay hipogonadismo), hipertirodismo; hiperparatiroidismo, hipercortisolismo, diabetes tipo 1.

✓ **Factores higiénico-dietéticos y estilo de vida:** aparte de calcio y vitamina D; estado nutritivo (las personas delgadas son más propensas a la osteoporosis, se cree que porque el tejido adiposo es fuente de estrógenos, y porque el peso supone un estímulo mecánico para el esqueleto); ejercicio físico (la sobrecarga mecánica favorece la formación ósea e inhibe la resorción); tabaco y alcohol, aceleran el desarrollo de la osteoporosis.

✓ **Enfermedades no endocrinológicas:** mala absorción, hepatopatías, enfermedades inflamatorias (artritis reumatoide), mieloma.

✓ **Tratamientos:** corticoides, citostáticos, anticonvulsivantes, heparina.

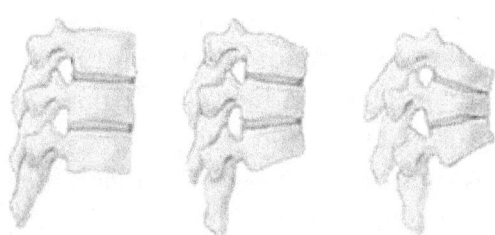

Desde la izquierda hacia la derecha: vértebras normales, vértebras con osteoporosis leve, y vértebras con osteoporosis severa

La masa ósea que posee una persona en un momento concreto depende de la que llegó a tener al completar su desarrollo y de las pérdidas sufridas posteriormente. Ambos hechos están determinados por los factores comentados. Se considera que en la producción del valor máximo de masa ósea los factores implicados más importantes son los genéticos. En cambio, en la velocidad de pérdida de masa ósea los factores genéticos parecen tener menor importancia que los adquiridos.

Riggs y Melton han propuesto la siguiente fórmula para resumir los factores responsables de la masa ósea de un individuo en un momento de su vida:

Q = I - (envejecimiento + menopausia + factores esporádicos)

Donde Q = masa ósea actual e I = valor máximo de masa ósea. La fórmula subraya la importancia del envejecimiento y de la menopausia frente a los demás factores, que los autores califican de "esporádicos" u ocasionales. Además, proporciona una idea clara de que la osteoporosis es el resultado de la actuación conjunta de diversos factores.

Epidemiología

La osteoporosis afecta principalmente a personas mayores de 50 años; por tanto, el progresivo envejecimiento de la población nos anuncia un aumento sustancial de esta enfermedad en las próximas décadas.

Diagnóstico

El diagnóstico de osteoporosis se suele hacer por su médico utilizando una combinación de su historial médico completo y un examen físico, radiografías óseas, densitometría ósea y pruebas de laboratorios especializadas. Si el médico encuentra baja masa ósea, puede querer ordenar pruebas adicionales para descartar la posibilidad de otras enfermedades que pueden ocasionar la pérdida de hueso, incluyendo osteomalcacia (una deficiencia de vitamina D) o hiperparatiroidismo (sobre actividad de la glándula paratiroidea).

La densitometría ósea es una técnica segura e indolora de radiografía que compara la densidad ósea con la densidad ósea promedio que alguien de su mismo sexo y raza debería haber alcanzado sobre la edad de 20 a 25 años.

Se suele ordenar en mujeres al comienzo de menopausia. Varios tipos de densitometría ósea se utilizan hoy para detectar pérdida de hueso en diferentes áreas del cuerpo. Absorciometría radiológica dual (también conocido como DXA, sus siglas en inglés) es uno de los métodos más precisos. Otras técnicas pueden identificar la osteoporosis, incluyendo Absorciometría fotónica simple (SPA, sus siglas en inglés), Tomografía Computarizada Cuantitativa (QCT, sus siglas en inglés), Absorciometría radiografías y ultrasonido. Su médico puede saber cual método sería mejor para usted.

Actividad Física

Ante el diagnóstico de osteoporosis, lo más importante es prevenir las fracturas e intentar frenar el avance de la enfermedad. Para ello contamos por una parte con la medicación que ya se ha descrito en el apartado de tratamiento, y por otra con una serie medidas ligadas a la modificación del estilo de vida.

La actividad física es importante a cualquier edad para mantener los huesos saludables y por tanto para prevenir el aumento o aparición de la osteoporosis. El ejercicio aumenta la fuerza muscular, la coordinación, el equilibrio y le ayudará a prevenir las fracturas.

Las mujeres y hombres jóvenes que se ejercitan regularmente tienen una mayor densidad ósea que los que no lo hacen. Las personas mayores de 30 años de edad pueden prevenir la pérdida ósea haciendo ejercicio regularmente.

¿Qué actividad física es la correcta?

El mejor tipo de ejercicio para los huesos es el de resistencia al peso, es decir aquel que le fuerza a trabajar en contra de la gravedad, como caminar, subir cuestas, correr, subir escaleras, jugar al tenis y bailar. Algunos ejemplos de ejercicios que no son de resistencia al peso son la natación o el ciclismo.

La situación óptima es realizar una actividad entre 30 minutos y una hora unas cuatro veces a la semana. Antes de iniciar cualquier programa regular de ejercicios es conveniente consultar con el médico, principalmente si tiene más de 40 años o tiene alguna patología asociada.

Si se tiene osteoporosis, se debe también consultar con el médico para que aconseje qué actividades son seguras. Por ejemplo, si se tiene una baja densidad ósea es aconsejable evitar ejercicios y actividades que flexionen o doblen la columna dorsal. Además, debe evitarse ejercicios de mucho impacto para reducir el riesgo de fracturarse un hueso.

Es aconsejable consultar a un experto en actividad física para que enseñe la mejor forma de progresar en la actividad y como estirar y fortalecer sus músculos de manera segura, así como a corregir los malos hábitos de postura.

¿Cómo evitar las caídas?

Una de las principales causas de fracturas en las personas con osteoporosis son las caídas. Con la edad disminuye la capacidad y velocidad de reacción así como la recuperación del equilibrio después de realizar un movimiento brusco. Es importante seguir unas pautas básicas y conocer todos aquellos factores que pueden aumentar el riesgo de caídas para intentar evitarlos.

Cómo mejorar el equilibrio

- ➢ Hacer ejercicios para fortalecer los músculos
- ➢ Asegurarse de tener siempre una buena corrección de la vista
- ➢ Practicar para acostumbrarse a utilizar lentes bifocales
- ➢ Practicar ejercicios de equilibrio, como por ejemplo:
- ✓ Mientras se sujeta al respaldo de una silla con ambas manos, practicar manteniéndose sobre un solo pie a la vez durante un minuto. Aumentar gradualmente el tiempo y tratar de mantener el equilibrio con los ojos cerrados.
- ✓ Mientras se sujeta al respaldo de una silla con ambas manos, practicar manteniéndose de pie sobre los dedos de los pies y luego sobre los talones. Mantenerse en cada posición contando hasta 10.
- ✓ Mientras se sujeta al respaldo de una silla con ambas manos, usar las caderas para mover el cuerpo en un círculo grande hacia la izquierda y hacia la derecha. No mover los hombros ni los pies. Repetir 5 veces.

Algunos medicamentos pueden aumentar el riesgo de caídas

Si se toma alguno de los siguientes medicamentos, hay que tener un especial cuidado.

- Los medicamentos para la presión arterial.
- Los medicamentos para el corazón.
- Los diuréticos.
- Los relajantes musculares y tranquilizantes.

Beber bebidas alcohólicas aumenta también el riesgo de caídas. El alcohol retrasa los reflejos y el tiempo de respuesta y causa mareos, somnolencia o desorientación, altera el equilibrio y puede llevar a realizar actividades arriesgadas que pueden conducir a una caída.

Consejos para aumentar la seguridad cuando se está en el exterior

- ➢ Cuando el clima no es bueno, usar un andador o bastón para obtener mayor estabilidad.
- ➢ Procurar usar zapatos o botas con suelas de goma.
- ➢ Vigile cuidadosamente las superficies de los suelos en edificios públicos. Los suelos de mármol o muy pulidos son muy resbaladizos, principalmente si además están mojados.
- ➢ Usar una cartera colgada del hombro, bolsas atadas en la cintura o una mochila para dejar las manos libres.
- ➢ Detenerse frente a los bordillos de aceras y verificar la altura de ellos antes de subir o bajarlos.
- ➢ Tener precaución con las rampas, las cuestas hacia arriba o hacia abajo pueden conducir a una caída.

Consejos para aumentar la seguridad cuando se está en el domicilio

- ✓ Procurar no tener objetos desordenados en el suelo.
- ✓ Procurar no tener suelos excesivamente pulidos y resbaladizos.
- ✓ Usar calzado sin tacones y cerrado. Evite caminar en calcetines, medias.
- ✓ Verificar que todas las alfombras tengan por debajo una base a prueba de resbalones o estén adheridos al piso.
- ✓ Mantener todos los cables eléctricos y telefónicos alejados de las áreas de paso.

- ✓ Comprobar que todas las escaleras estén bien iluminadas y tengan barandillas en ambos lados.
- ✓ Para mayor seguridad, instalar asideros de seguridad en las paredes de los baños.
- ✓ Si no se posee estabilidad en los pies, se puede usar una silla de plástico con respaldo y patas con puntas a prueba de resbalones en la ducha.
- ✓ Usar una alfombra de goma para el baño en la ducha o bañera.
- ✓ Mantener una linterna con baterías nuevas al lado de la cama.
- ✓ Instalar luces que se puedan encender fácilmente con un interruptor antes de entrar en cada una de las habitaciones.
- ✓ Utilizar bombillas de por lo menos 100 vatios o de bajo consumo equivalente en el hogar.
- ✓ Evitar al máximo la necesidad de subirse a taburetes o escaleras para alcanzar objetos. Si no se tiene más remedio, procurar utilizar una escalera en la que pueda asirse y con peldaños anchos.
- ✓ Disponer de un teléfono móvil. Este teléfono ofrece seguridad ya que no sólo puede contestar sin tener que trasladarse, sino que también puede usarse para pedir ayuda si ocurre un accidente.

Consejos para reducir la fuerza de la caída
- ✓ Las siguientes medidas le pueden ayudar a evitar una fractura en caso de sufrir una caída:
- ✓ Recordar que se tiene una probabilidad mayor de sufrir una fractura de cadera si se cae de lado o directamente hacia abajo que en otras direcciones. Siempre que sea posible, tratar de caerse de frente o sobre las nalgas.
- ✓ Si es posible, es conveniente caer sobre las manos o usar objetos alrededor para frenar la caída.
- ✓ Caminar con precaución, especialmente sobre superficies duras.
- ✓ Si es posible, usar ropa protectora que sirva de almohadilla.
- ✓ Consultar con el médico para determinar si se es un candidato para una almohadilla de cadera.

TEMA 4

LA ESCLEROSIS MÚLTIPLE

Descripción

La esclerosis múltiple (EM) es una enfermedad del sistema nervioso central, crónica, a menudo incapacitante.

Envolviendo y protegiendo las fibras nerviosas del SNC (sistema nervioso central) se encuentra un material compuesto principalmente por proteínas y grasas que se denomina mielina. La mielina facilita la conducción de los impulsos eléctricos entre las fibras nerviosas. Si la mielina se destruye o lesiona se pierde capacidad en los nervios para conducir impulsos eléctricos y esto ocasiona la aparición de los síntomas. La lesión de la mielina es reversible en muchas ocasiones.

En la EM la mielina se pierde en muchas zonas, dejando en ocasiones cicatrices (esclerosis) o placas de desmielinización. La localización de estas placas determinará el tipo y extensión de los síntomas. Los resultados de la desmielinización son muy diversos y únicos en cada individuo. Unas personas pueden tener síntomas leves, como entumecimiento de los miembros, o severos como parálisis o pérdida de visión.

Se diagnostican en la mayoría de las ocasiones entre los 20 y 40 años. La evolución, gravedad y los síntomas específicos no pueden ser predecibles, pero los avances en el tratamiento suponen una gran esperanza a las personas afectadas.

Hay que tener en cuenta que la esclerosis múltiple no es una enfermedad contagiosa ni hereditaria ni mortal.

Causas

La causa exacta de la enfermedad se desconoce, pero se cree que la destrucción de la mielina se debe a una respuesta anormal del sistema inmunológico hacia el propio organismo.

El sistema inmunológico defiende al organismo de sustancias u organismos invasores como pueden ser los virus y las bacterias. En la enfermedad auto inmune el organismo no reconoce como propio su propio tejido y lo ataca.

No se conoce porqué el organismo ataca a la mielina, pero se considera que están involucrados factores genéticos y medioambientales.

Investigaciones recientes apuntan a un factor desencadenante de tipo ambiental. La enfermedad se da con mayor frecuencia en unas zonas geográficas que en otras. Si una persona, antes de la adolescencia, se traslada a un lugar de mayor incidencia de la enfermedad, tiene mayor probabilidad de adquirirla.

Está demostrado que la EM no es una enfermedad hereditaria, pero tener un familiar en primer grado (padre, hermano) con EM, aumenta el riesgo de padecer la enfermedad Las nuevas técnicas de identificación genética podrán contestar muchas dudas que hoy en día se tienen sobre el papel de la herencia en el desarrollo de la enfermedad.

Encontrar los genes responsables de provocar mayor susceptibilidad a padecer la enfermedad puede conducir al desarrollo de nuevas y más eficaces maneras de tratar la enfermedad. Otra ventaja es la posibilidad de un diagnóstico precoz.

Con respecto al papel de los traumatismos en la exacerbación de la enfermedad, estudios recientes han llegado a la conclusión que no existe ninguna asociación entre trauma físico e inicio de la EM o la exacerbación de la EM.

También se abrió una línea de investigación para estudiar el papel de los virus en el desarrollo de la enfermedad, pero no ha podido ser identificado y la posible responsabilidad de los virus sigue siendo mera especulación.

Epidemiología

La epidemiología es la ciencia que estudia los patrones de la enfermedad a nivel de variaciones geográficas, demográficas, estado socioeconómico, genética, edad y causas infecciosas. Los epidemiólogos estudian la relación entre estos factores así como los patrones de migración y contribuyen a un mayor conocimiento de la enfermedad.

Las conclusiones que han llegado con respecto a la EM son las siguientes:

- ✓ Se da con mucha mayor frecuencia en latitudes altas.
- ✓ Un individuo que nace en un área geográfica de alto riesgo de padecer la enfermedad y se traslada a otra zona de bajo riesgo, adquiere el riesgo del nuevo hogar.
- ✓ Es más común entre los caucásicos, particularmente en Europa del Norte y es casi inexistente en los africanos.
- ✓ Se da con mayor frecuencia en mujeres que en hombre: 2-3 veces más.
- ✓ Entre un 12-19% de pacientes con EM tienen algún familiar afectado.

Síntomas

Los síntomas dependen de las áreas del SNC lesionadas; los síntomas varían entre las diferentes personas e incluso en una misma persona y según el momento. Una persona con EM sufre normalmente más de un síntoma, pero no todas las personas van a experimentar todos los síntomas existentes.

Se suele dividir los síntomas de EM en tres categorías:

Síntomas primarios

Son los que resultan del efecto directo de la desmielinización. Los síntomas incluyen la debilidad, entumecimiento, temblor, pérdida de visión, dolor, parálisis, disfunción de la vejiga e intestino Muchos de estos síntomas pueden ser solucionados mediante la medicación, rehabilitación y otros métodos.

Síntomas secundarios

Son las complicaciones que se presentan como resultado de los síntomas primarios. La disfunción de la vejiga puede causar infecciones repetidas de la zona urinaria. La inactividad da lugar a debilidad, disminución de la densidad ósea.

Aunque los síntomas secundarios pueden ser tratados, lo ideal es evitarlos tratando los primarios.

Síntomas terciarios

Son las complicaciones sociales, vocacionales y psicológicas derivadas de los síntomas primarios y secundarios. La tensión de padecer una lesión neurológica crónica puede suponer una interrupción de las relaciones personales y laborales.

La depresión es frecuente en este tipo de enfermedades. La ayuda profesional de psicólogos, de trabajadores sociales, terapeutas físicos y ocupacionales puede ser importante.

Los síntomas que podemos encontrar con mayor frecuencia son los siguientes:

> **Disfunción de la vejiga**
> Ocurre al menos en el 80% de los pacientes y suele ser tratada con éxito. El tratamiento incluye una dieta adecuada, medicación y ayuda mecánica para controlar el flujo de orina mediante la inserción de un tubo fino en la vejiga.
>
> La EM bloquea o retrasa la transmisión de las señales del nervio en las áreas del sistema nervioso central que controlan la vejiga y el esfínter urinario.
>
> El esfínter es un músculo que rodea la abertura de la vejiga y su contracción o relajación provoca la continencia o la evacuación de orina.

Debido a la disfunción de la vejiga urinaria nos encontramos:

- Sensación de premura urgente para orinar.
- Despertar frecuente por la noche para orinar: nicturia.
- Incontinencia urinaria.

Estos síntomas se producen por una vejiga espástica (no puede contener la cantidad normal de orina) o por una vejiga que no realice un vaciado correcto y siempre hay retención. La orina de retención puede conducir a complicaciones tales como infecciones repetidas o daño renal.

Por otro lado, la disfunción de la vejiga puede causar problemas emocionales, personales e interferir en su vida normal. Es importante buscar una rápida solución a su problema y a las posibles complicaciones.

➢ Disfunción intestinal

El estreñimiento es habitual en estos pacientes, pero también se da con cierta frecuencia problemas de diarrea, incontinencia (pérdida de control) y otros problemas digestivos. El estreñimiento en muchas ocasiones es debido a la escasez en la ingesta de líquidos, movilidad física reducida y al enlentecimiento gástrico.

En ocasiones la medicación utilizada para corregir la disfunción de la vejiga es la que provoca el estreñimiento.

Es conveniente tomar las siguientes medidas:

- Beber una cantidad de líquido adecuada.
- Incluir fibra en la dieta.
- Utilizar laxantes siempre que se lo recomiende su médico. Procurar que su uso no sea continuado.
- Un horario regular.

➢ Vértigos

Pueden ser debidos a la propia enfermedad o por la medicación recibida.

Los desórdenes en el oído medio también pueden causar vértigos.

> **Disfagia**

Es la dificultad para tragar. Se da con mayor frecuencia en personas en las que la enfermedad está avanzada, aunque puede ocurrir en cualquier etapa. Los alimentos, fundamentalmente líquidos, pueden acabar en el pulmón provocando una neumonía.

Su tratamiento en muchas ocasiones se acompaña de cambios en la dieta, posición de la cabeza y aprendizaje de la manera de tragar. En los casos más severos es necesaria la introducción de una sonda (tubo) para el aporte de los alimentos.

> **Fatiga**

Es uno de los síntomas más frecuentes, ya que se da en el 80% de los pacientes, lo que influye significativamente en su capacidad de trabajo y de relación con el exterior. Puede ser el síntoma más importante en los pacientes en los que la afectación de la enfermedad es mínima.

La fatiga en la esclerosis múltiple tiene unas características particulares:
- Tiende a empeorar según transcurre el día.
- Se agrava con el calor y la humedad.
- Puede agravarse de manera repentina.
- Es más severa que la fatiga normal.
- Interfiere de manera importante con las responsabilidades diarias.

La causa de la fatiga es desconocida en este momento; se intenta encontrar una causa objetiva que la explique.

Debido a que la fatiga puede ser debida a otras situaciones médicas que tienen un tratamiento, tales como depresión, enfermedades del tiroides, anemia o como efecto secundario de la medicación recibida, todos los pacientes que la sientan deberían consultarlo con su médico.

Nos podemos ocupar de solucionar el problema de varias maneras:
- Terapia ocupacional para simplificar las tareas de trabajo.
- Terapia física para aprender a ahorrar energía al caminar y al realizar otras actividades diarias y desarrollar un programa para regular el ejercicio.
- Regulación del sueño.
- Intervención de los psicólogos para realizar ejercicios de relajación, inclusión en grupos de terapia, etc.
- Manejo de la temperatura.
- Medicación: amantadina.

> **Dificultad en la marcha**
  Es también un síntoma bastante común. Se relaciona generalmente con varios factores:

  ❖ **Debilidad**: la debilidad del músculo es una causa común. Se puede compensar con la utilización de bastón, etc.

  ❖ **Espasticidad**: tirantez del músculo. La medicación y los ejercicios de estiramiento son muy provechosos.

  ❖ **Ataxia**: falta de coordinación de los movimientos.

  ❖ **Déficit sensorial**: algunos pacientes tienen tal entumecimiento que no pueden sentir el suelo o saber donde se encuentran sus píes. La mayoría de los problemas al caminar se pueden solucionar con terapia física: ejercicios y entrenamiento al andar, mediante dispositivos adecuados y en algunas ocasiones con medicación.

Cada persona debe ser evaluada de manera individual.

➤ **Dolor de cabeza**

No es un síntoma frecuente, pero en los enfermos de EM se da una incidencia mayor de ciertos tipos de dolor de cabeza. La frecuencia de jaqueca es el doble que en la población que no sufre la enfermedad.

➤ **Pérdida de audición**

Es un síntoma infrecuente de la enfermedad. Puede ocurrir durante una exacerbación aguda (empeoramiento repentino de un síntoma o síntomas o el aspecto de nuevos síntomas, que dura por lo menos 24h y se separa de una exacerbación anterior por lo me Como la pérdida de audición es tan rara en la EM, cuando ocurra deben descartarse otras causas.

➤ **Prurito**

El picor se puede dar de manera repentina e intensa, pero por breves periodos y en cualquier parte del cuerpo. Los corticosteroides tópicos no son útiles en este caso. Las medicaciones que pueden ser de utilidad son:
  - Anticonvulsivos: carbamazepina y difenilhidantoina.
  - Antidepresivos: amitriptilina y los inhibidores de la MAO.
  - Antihistamínico: hidroxicina.

➤ **Entumecimiento**

Es uno de los síntomas más comunes de la EM y es a menudo el primero en presentarse.

➤ **Neuritis óptica**

Es una inflamación del nervio óptico, que es el encargado de transmitir las imágenes desde el globo ocular hasta el cerebro. Con frecuencia es el primer síntoma de EM y se ha estimado que cerca del 50% de los enfermos de EM tendrán un episodio de neuritis óptica.

La neuritis óptica se experimenta como una pérdida de visión, generalmente en un solo ojo que se puede acompañar de dolor. Alcanza su grado máximo a los pocos días y mejora normalmente en el plazo de 4 a 12 semanas (en muchas ocasiones si necesidad de tratamiento).

Puede haber casos de episodios subclínicos de neuritis óptica (existe la enfermedad pero no produce ningún síntoma); puede haber una desmielinización del nervio óptico sin afectar la función visual.

➢ **Dolor**
Los síndromes dolorosos no son infrecuentes, dándose aproximadamente en el 50% de los pacientes. Estudios realizados demuestran que es independiente de la edad de inicio, tiempo de evolución de la enfermedad, sexo o grado de discapacidad.

➢ **Neuralgia del trigémino**: dolor neurológico que se siente como una puñalada en la cara, que puede ser confundido con dolor de origen dental. Puede tratarse con éxito con medicamentos. En caso de fracaso puede realizarse cirugía.

➢ **Disestesias**: trastorno de la sensibilidad en general. Estos dolores se tratan a veces con antidepresivos.

➢ **Dolor crónico**

➢ **Dolor espástico**: espasmos o calambres del músculo. El tratamiento incluye medicación, regulación del equilibrio sodio-potasio y ejercicios de estiramiento.

Los dolores músculo esqueléticos pueden tener su origen también en la inmovilidad, por los trastornos en la marcha, etc. Es fundamental evaluar claramente la fuente de dolor. Es aconsejable en muchas ocasiones la derivación a un centro que posea una Unidad del Dolor.

➢ **Crisis epilepsia. Ausencias**
Son el resultado de descargas eléctricas anormales en el área dañada o marcada por una cicatriz. Son bastante infrecuentes: 2-5% mientras que en la población en general es del 3%.

> ➢ **Espasticidad**
> Es uno de los síntomas más comunes de la EM. Puede haber espasmos involuntarios, contracciones sostenidas del músculo o movimientos repentinos.
>
> Su grado de gravedad es muy variable, desde sensación de tirantez hasta espasmos incontrolables dolorosos, generalmente en las piernas afectadas y las rodillas dobladas.
>
> Espasticidad del extensor, implicando al músculo cuádriceps; las rodillas permanecen derechas.
>
> La espasticidad se puede dar en los brazos, pero es menos común.
>
> Como la espasticidad varía mucho de una persona a otra, su tratamiento debe ser personalizado y consensuado entre el paciente, el/la médico, el/la enfermera, el/la terapeuta físico y el ocupacional.

> ➢ **Dificultades en el habla: Disartria**
> Pueden ser dificultades leves a severas que hacen difícil hablar y ser entendido. Son frecuentes las pausas largas entre dos palabras. Con frecuencia la voz tiene un sonido nasal como resultado de la debilidad y/o incoordinación de los músculos de la lengua, de los labios, de las mejillas y de la boca. Las disartrias se asocian normalmente con otros síntomas como temblor. También es frecuente que se asocie con dificultad para tragar.
>
> Muchos pacientes pueden recibir ayuda del logopeda, que puede evaluar y ayudar a mejorar los patrones del habla y la comunicación oral en general. Si una persona con EM es incapaz de hablar hay muchos dispositivos asistenciales a su alcance.

> ➢ **Temblor**

El temblor puede ser postural, nistagmo (movimiento involuntario del globo ocular) o, lo más frecuente, temblor fino que se acentúa cuando la persona intenta alcanzar algo con la mano o llevar el pié a un lugar exacto. Es uno de los síntomas más difíciles de tratar, no existiendo hasta la fecha tratamiento farmacológico efectivo.

El/la terapeuta ocupacional es la persona más adecuada para aconsejar las actividades o dispositivos que se pueden utilizar para intentar corregir el problema. El temblor tiene condicionantes sociales que pueden hacer que la persona que padece la enfermedad se aísle socialmente fomentando estados depresivos y alteraciones psicológicas. En temblores muy severos, en ocasiones se utiliza la cirugía.

> **Función cognitiva**
Hay un deterioro en el 50% de los pacientes. Hay un retardo en la capacidad de elaborar los pensamientos, de concentrarse y de la memoria.

Sólo el 10% de los pacientes que tienen este problema afecta su vida cotidiana.

Las primeras señales pueden ser muy sutiles, como dificultad para encontrar la palabra adecuada o la preocupación por recordar las tareas cotidianas. En ocasiones son los familiares los que notan un cambio en la conducta del individuo. Es importante consultar al médico desde el principio, pues este problema puede condicionar de manera importante la futura vida del paciente.

El especialista realizará una serie de pruebas y comprobará el grado de déficit y el tratamiento a instaurar. Se espera que los nuevos tratamientos que retardan la progresión física de la enfermedad también sea capaz de frenar la cognitiva.

➢ Depresión

Las personas con esclerosis múltiple y las de su entorno tienen que ser conscientes que sufrir un proceso depresivo es normal en el curso de la enfermedad. La depresión no indica un carácter débil y no se debe considerar vergonzoso.

La depresión puede ser reactiva, como resultado de las tensiones difíciles de la vida. Es normal que tras un diagnóstico de esclerosis múltiple, enfermedad crónica que puede conducir a una incapacidad permanente, traiga consigo un estado depresivo.

También la depresión puede ser debida a la enfermedad en sí, debido a la desmielinización. La depresión puede ser consecuencia de la medicación, como los corticoides, que se suelen prescribir para los momentos críticos de la enfermedad, o la administración de interferón para limitar el número y severidad de los ataques.

En ocasiones la gente desea retirarse de las actividades que venía realizando hasta que apareció la enfermedad y en realidad la carencia de estímulo trae consigo una peor calidad de vida. La familia y los amigos son un apoyo importante pero también puede ser necesaria la aportación de un profesional.

Los antidepresivos tienen que estar supervisados por un médico y utilizados conjuntamente con psicoterapia.

Síntomas
Algunos síntomas del episodio depresivo son:
- ✓ Tristeza.
- ✓ Pérdida de interés o placer en las actividades cotidianas.
- ✓ Pérdida o aumento del apetito.
- ✓ Insomnio o sueño excesivo.
- ✓ Sensación de culpa.
- ✓ Pensamiento persistente de muerte o suicidio.
- ✓ Arrebatos violentos.
- ✓ Desesperación.

> ➤ **Aspectos emocionales**
La esclerosis múltiple puede conllevar problemas emocionales profundos. La ignorancia de muchos aspectos de la enfermedad, su evolución y pronóstico lleva a las personas a un estado de ansiedad importante. La pérdida o cambio en el poder adquisitivo, problemas conyugales o con los hijos, puede suponer una gran frustración.

La labilidad emocional (llanto/risa) pueden ser resultado directo de las lesiones producidas por la enfermedad. Es importante que los familiares y amigos conozcan esto y sean conscientes que es, en muchas ocasiones, la misma enfermedad la que le haga que no pueda controlar sus emociones.

Participar en grupos de ayuda y el procurar llevar una vida activa puede ser muy provechoso. Cuanto más parecida sea la vida que lleva con la que realizaba antes de ser diagnosticado de la enfermedad, mejor calidad tendrá. La enfermera, el trabajador social, el psicólogo o cualquier otro terapeuta podrán proporcionar pautas muy provechosas.

> ➤ **Sexualidad**
Los problemas de índole sexual son frecuentes en los enfermos de EM, pero también en la población en general. El despertar sexual comienza en el sistema nervioso central, que envía mensajes a los órganos sexuales a lo largo de los nervios a través de la médula espinal. Si la EM afecta estas vías, la respuesta sexual puede afectarse directamente.

Los problemas sexuales también pueden venir por la fatiga o la espasticidad y evidentemente por los problemas psicológicos.

Estudios recientes confirman que el 60% de los pacientes encuestados reconoció que su actividad sexual había declinado desde el diagnóstico de su enfermedad.

No hacer caso de estos problemas puede conducir a pérdida importante en la calidad de vida.

En las mujeres pueden aparecer:

- Menor sensibilidad en área vaginal/clitoriana.
- Sequedad vaginal.
- Anorgasmia (ausencia de orgasmo).
- Pérdida de la líbido.

En el hombre:

- Dificultad o imposibilidad de conseguir o mantener una erección (en gran medida el problema más común).
- Menor sensibilidad en el pene.
- Dificultad o imposibilidad de eyacular.
- Pérdida de la líbido.

Hay muchas manifestaciones que son comunes a ambos sexos, como el dolor que puede interferir con el placer, la vergüenza que puede causar la incontinencia intestinal o urinaria, la debilidad y la fatiga o la espasticidad de las extremidades.

Hay gran variedad de tratamientos para tratar la disfunción sexual.

En los hombres, la disfunción eréctil se puede tratar con el uso de implantes, dispositivos inflables, medicación inyectable (papaverina o fentolamina) que aumenta el flujo de la sangre en el pene, el sistema MUSE que implica insertar un pequeño supositorio en el pene, y el uso oral de sildenafilo (Viagra®).

En el caso de las mujeres, la sequedad vaginal se puede solucionar con lubricantes líquidos (la vaselina no conviene utilizarla porque no es soluble en agua y puede ser causante de infecciones).

Los hombres y mujeres afectados de EM se pueden beneficiar de métodos alternativos del estímulo sexual, tales como el uso de un vibrador, etc.

Hay que tener en cuenta que hay que tomar las mismas decisiones y precauciones con respecto al control de la natalidad y de las enfermedades de transmisión sexual que cualquier otra persona.

Los factores psicológicos referentes a los cambios en la actividad sexual son enormemente complejos. Pueden implicar la pérdida de autoestima, depresión, ansiedad, ataques de cólera y la tensión de vivir con una enfermedad crónica.

Es conveniente en estos casos el asesoramiento por parte de un profesional de salud mental o un terapeuta sexual que aconseje a la pareja (es fundamental que acudan las dos partes).

Diagnóstico
No hay prueba de laboratorio, síntoma o signo que sea diagnóstico de la enfermedad. El diagnóstico requiere un proceso cuidadoso y que elimine otras causas. Muchos de los síntomas de la EM pueden ser debidos a otra enfermedad.

La regla básica para el diagnóstico de EM se basa en dos criterios:
- Tiene que haber habido dos ataques o exacerbaciones por lo menos separados por un mes.
- Una vez excluidos otros procesos neurológicos, que el paciente (de entre 10-60 años) haya sufrido dos brotes de disfunción neurológica separados por más de un mes y que existan evidencias de al menos dos lesiones diferentes del sistema nervioso central.

Las exploraciones paraclínicas que contribuyen a apoyar el diagnóstico son la RM (Resonancia Magnética), los potenciales evocados y el estudio del líquido cefalorraquídeo.

Aunque la resonancia magnética es el sistema preferido actualmente de diagnóstico, no es suficiente. Una resonancia magnética normal no descarta en absoluto un diagnóstico de EM.

El médico tendrá que realizar una extensa revisión de las funciones mentales, emocionales, del habla, de la marcha y de la coordinación.

El sexo, la edad del paciente, lugar de nacimiento y los antecedentes familiares son factores que se tendrán en consideración.

Las pruebas adicionales más frecuentes son las pruebas de potenciales evocados, examen del líquido cefalorraquídeo y de sangre. Las pruebas de potenciales evocados son estudios de diagnóstico eléctrico que pueden demostrar si hay un retardo en la velocidad de emisión de un mensaje.

En el examen del líquido cefalorraquídeo se comprueban los niveles de ciertas proteínas y la presencia de bandas oligoclonales, que indican una inmunorespuesta dentro del sistema nervioso central.

Las bandas oligoclonales se encuentran en el en el 90-95% de las personas afectadas de EM, pero también se encuentran en otras enfermedades.

Los análisis de sangre pueden eliminar otras causas para varios síntomas neurológicos. Existen otras enfermedades, como la enfermedad de Lyme, enfermedades colágeno-vasculares, ciertos desórdenes hereditarios raros, que cursan con síntomas similares a los de la EM.

Pronóstico
Es muy difícil predecir el curso de la enfermedad pues varía enormemente de un individuo a otro, pero en la mayoría de las ocasiones nos encontramos que el 95% de los pacientes tienen una esperanza de vida igual que el resto de la población.

Tienen mejor pronóstico las personas que tienen pocas crisis en los primeros años tras el diagnóstico de la enfermedad, intervalos largos entre crisis y que predominan sintomatología de carácter sensorial.

Las personas que tienen sintomatología temprana de temblor, dificultad de coordinación en la marcha o con crisis frecuentes con recuperaciones incompletas, tienen peor pronóstico.

La esclerosis múltiple tiende a evolucionar en alguna de las siguientes formas:

Forma recurrente/ remitente: 75%. Es la forma más común, con recuperación total o parcial después de los ataques, brotes o recidivas.

EM primariamente progresiva: 10%. Evolución progresiva del déficit neurológico sin periodos de mejoría ni empeoramientos bruscos.

EM secundariamente progresiva: pacientes que tras un periodo variable de recidivas y remisiones, la enfermedad evoluciona hacia un deterioro progresivo de los síntomas.

Transicional: un brote seguido de una remisión de varios años de evolución y desarrollo posterior de una forma progresiva.

Progresiva recurrente: forma progresiva con exacerbaciones agudas.

Formas benignas: pacientes con poco deterioro e incapacidad mínima al cabo de años de evolución del proceso. Aproximadamente pertenecen a este grupo un tercio de los pacientes con esclerosis múltiple.

Tratamiento
Medicaciones

Hasta hace pocos años el tratamiento de la esclerosis múltiple era estrictamente sintomático (alivio de los síntomas). Se utilizaban corticoides para los brotes agudos y tratamiento sintomático del dolor, espasticidad, temblor, incontinencia, etc. Los inmunodepresores que se empezaron a utilizar para controlar la enfermedad no dieron los resultados deseados.

En la actualidad ya se dispone de medicamentos que han demostrado claramente una utilidad en el tratamiento de la enfermedad, capaces de modificar el curso de la enfermedad. Estas medicaciones deben ser solicitadas por el neurólogo y el tratamiento dirigido a través de un centro hospitalario.

Terapia ocupacional
Es con frecuencia una parte importante dentro del tratamiento de una persona con EM. Mientras que la terapia física se encarga de conseguir que el paciente camine, coordinación del movimiento, estabilización del tronco y el uso apropiado de ayudas ambulatorias, la terapia ocupacional (TO) se responsabiliza más de enseñar a realizar las tareas diarias.

El terapeuta ocupacional se encargará de enseñar a realizar tareas tales como lavarse, uso del tocador, vestirse.

Hay otra serie de actividades que requieren más tiempo y dedicación, realización de cursos, etc. Estas tareas incluyen cursos de cocina, aprender a conducir, economía doméstica o tareas que se espera esa persona realice en su trabajo. El/la terapeuta ocupacional también le aconsejará sobre la mejor manera de transformar su vivienda para acoplarla a sus nuevas necesidades, sobre el ancho de las puertas, instalación de pasamanos, etc.

Qué deben incluir
Las terapias deben incluir:
- ✓ Ejercicios para los dedos, manos y brazos.
- ✓ Enseñanza del uso de dispositivos de ayuda.
- ✓ Manejo de los botones y otros elementos de la ropa.
- ✓ Manejo de instrumentos de cocina, etc.

La terapia ocupacional es prescrita generalmente por el neurólogo o un rehabilitador.

Terapia Física

El propósito de la terapia física es restaurar o mantener la capacidad de una persona cuando una condición o lesión médica causa alteración en la marcha o una reducción en la actividad normal.

La naturaleza de la enfermedad de recurrencias hace que el individuo tenga diferente grado de imposibilidad en diferentes horas. El impacto de la esclerosis múltiple sobre el sistema nervioso central se determina según la capacidad de la persona para realizar actividades específicas y qué tipo de terapia física puede realizar.

La terapia física requiere la prescripción escrita de un médico. El rehabilitador evaluará y recomendará de una manera individualizada qué ejercicios debe realizar para conseguir un resultado óptimo.

Las actividades encaminadas a mejorar el control de los músculos del tronco, la pelvis y los hombros conseguirán mejorar la marcha (eficacia y seguridad) y prevenir o posponer la debilidad causada por la falta de uso.

Los estiramientos lentos son provechosos para controlar la espasticidad y el dolor. El ejercicio se debe alternar con periodos de descanso: patrón de ejercicio – descanso – ejercicio, con lo que se obtiene muy buenos resultados.

Un problema frecuente son las alteraciones en el habla: desórdenes en el discurso o disartrias. Muchas personas con este problema se pueden beneficiar de la ayuda de un logopeda, que puede mejorar los patrones del discurso, la pronunciación y la comunicación oral en general.

Si una persona con esclerosis múltiple es incapaz de hablar hay muchos dispositivos a su alcance que puede utilizar: asistentes del lenguaje, ordenadores, comunicadores hand-held, etc.

Muchas personas con disartria también padecen disfagia. Los logopedas evalúan, diagnostican y tratan estos temas. Cambiar los tipos de alimentos y su consistencia puede ser provechoso para algunos.

Rehabilitación

El fin de un programa de rehabilitación es restaurar las funciones esenciales para desarrollar una vida diaria normal en aquellas personas que han perdido esas capacidades por la enfermedad.

Paciente y Familia

El paciente y sus familiares son los miembros más importantes del equipo de rehabilitación. Es fundamental que exista una comunicación abierta y clara entre el paciente, la familia y los miembros del equipo para asegurar el éxito del programa de rehabilitación.

Derechos del paciente y la familia

Durante el proceso de rehabilitación, el paciente y sus familiares tienen una serie de derechos entre los que podemos incluir:

- ✓ Conocimiento del plan de rehabilitación.
- ✓ Derecho de opinión y decisión.
- ✓ Es un miembro más del equipo.
- ✓ Oportunidad de incrementar las actividades y tener independencia. Auto cuidado.
- ✓ Oportunidad de reasumir papeles sociales.
- ✓ Información sobre el papel de la familia en el proceso de rehabilitación.
- ✓ Información sobre los recursos de la comunidad, grupos de ayuda, etc.
- ✓ Futuro digno.

Responsabilidades del paciente y la familia

El paciente y la familia también tienen ciertas responsabilidades durante el proceso de rehabilitación, entre las que podemos incluir:
- ✓ Informar fidedignamente al equipo rehabilitador.
- ✓ Ayuda y estímulo al paciente.
- ✓ Seguir los planes de tratamiento previamente convenidos.

- ✓ Participar en las sesiones en las que se requiera la presencia de la familia.
- ✓ Trabajando juntos, paciente, familia y el equipo rehabilitador se puede conseguir una salud lo más óptima posible y fundamental, el reingreso del paciente en la comunidad.

La mayoría de los programas de rehabilitación comprende los siguientes aspectos:

Terapia Física

La terapia física se diseña para ayudar a restaurar el movimiento útil y la coordinación muscular. Los ejemplos de terapia física son:

- ✓ Estiramiento muscular y tabla de ejercicios para facilitar el movimiento.
- ✓ Entrenamiento de la marcha y enseñanza del uso apropiado de los dispositivos de asistencia, tales como bastones, apoyos y caminadores.
- ✓ Entrenamiento de deambulación: como ir de un punto a otro, de la cama a la silla de ruedas, de la silla de ruedas al coche, etc.
- ✓ Entrenamiento para conseguir aprender a caer con el menor daño posible ante una posible caída.
- ✓ Ejercicios para desarrollar un control del tronco y los músculos superiores del brazo.

La terapia física también se diseña para ayudar a prevenir las complicaciones inherentes a la enfermedad, tiene que ser diseñada de una manera individualizada por el médico rehabilitador o un neurólogo. La necesidad de una terapia física depende del nivel de la discapacidad, de la tolerancia al ejercicio y del curso de la enfermedad.

La mayoría de los programas de terapia física tiene una duración limitada a pocos meses y tiene que ser prioritario el establecimiento de un programa de ejercicios para realizar en casa para mantener una función óptima. Debe haber un sistema de recuerdo de los ejercicios y un seguimiento para revisar el programa según evoluciona la enfermedad o incurren crisis o cambian los síntomas.

Terapia ocupacional

La terapia ocupacional se centra en las actividades específicas de la vida diaria que afecten básicamente a manos y brazos, como la preparación de la comida, vestirse, conducción de vehículos, etc. Se prescriben ejercicios diseñados para desarrollar la coordinación de movimientos finos para compensar el temblor o la debilidad.

El terapeuta ocupacional evaluará la posibilidad de la silla de ruedas y su utilización y diseño, reformas necesarias en la casa o en el lugar de trabajo para conseguir un ambiente más eficiente y seguro.

Terapia del habla

Se diseña para ayudar a mejorar habilidades de la comunicación en las personas que tienen dificultad en el habla por debilidad o incoordinación de los músculos de la cara y lengua. Se logra generalmente con ejercicios y el uso de dispositivos especiales de asistencia. El logopeda también se encargará de dar instrucciones en el caso de problemas para tragar (disfagia).

Disfunción del intestino y de la vejiga

La mayoría de las personas con esclerosis múltiple que han perdido el control de la vejiga puede ser entrenada para utilizar técnicas o dispositivos (cateterización intermitente) que previenen la incontinencia o la necesidad urgente de orinar.

Aunque el estreñimiento es un problema habitual en los pacientes de EM la regularidad intestinal se puede conseguir con unas sencillas pautas como la ingesta adecuada de líquidos (restringidos en muchas ocasiones por el problema de incontinencia urinaria), mayor aporte de fibra en la dieta y la regularidad horaria.

Reinstrucción cognoscitiva

Es un área relativamente nueva dentro de la rehabilitación del paciente con EM. Algunos centros de rehabilitación tienen programas innovadores para compensar el debilitamiento de la memoria o mejorar la capacidad de aprendizaje.

La rehabilitación se pude realizar en régimen cerrado hospitalario o de manera ambulatoria. El neurólogo decidirá que instalaciones son las más apropiadas según el caso.

RECOMENDACIONES GENERALES

Con respecto a la alimentación:
✓ Se debe comer tres veces al día en intervalos regulares.
✓ Hay que comer una variedad amplia de alimentos de cada uno de los grupos recomendados, en cantidades moderadas.
✓ Hay que sustituir los alimentos ricos en grasas o azucarados por las alternativas que hay en el mercado.
✓ Para cocinar es mejor al vapor, la parrilla, cocer o el horno en lugar de freír.
✓ Eliminar la grasa de la carne.
✓ Se debe comer alimentos ricos en fibra.
✓ Comer cinco porciones de fruta y verdura al día.
✓ Beber abundantes líquidos: 2 litros, preferentemente agua.

Con respecto a la fatiga:
✓ Evitar las actividades innecesarias.
✓ Organizar el espacio y los materiales para ahorrar energía.
✓ Hay que aprender buenos hábitos posturales.
✓ Hay que ahorrar energía en la cocina, para lo cual se debe tener en cuenta lo siguiente:
- Buena iluminación y ventilación.
- Utilizar, siempre que sea posible, todos los electrodomésticos ahorradores de trabajo.
- Utilizar el microondas (rápido y limpio).
- Hay que sentarse siempre que sea posible mientras se prepara los alimentos.
- Preparar el doble de cantidad y congelar la mitad.
- Organizar la cocina de modo que los utensilios y los ingredientes estén al alcance de la mano.

En ocasiones resulta fatigoso realizar una comida completa; en este caso hay que realizar un mayor número de comidas de poca cantidad.

La fruta fresca es el alimento más conveniente, por su calidad y es fácil de comer. Se debe elegir alimentos almidonados (carbohidratos) como los cereales, las pastas o la patata cocida o asada. Procurar evitar los alimentos procesados, las galletas y la bollería procesada que suelen ser ricas en grasas saturadas y escaso valor alimenticio. Hay que utilizar las alternativas bajas en grasas y en azúcar que se encuentra en el mercado.

Cuando las existencias de energía son limitadas una buena utilización y provecho de ella es fundamental. Necesitamos energía para el cuidado personal, trabajar, estudiar, mantener un hogar, criar una familia, desplazarnos, tener relaciones afectivas y dar y recibir apoyo emocional.

Parte de la energía que disponemos se gasta en actividades imprescindibles y otra parte hay que reservarla para emergencias. Parte de la energía se consume con el estrés; el estrés no es malo, simplemente hay que tenerlo en consideración.

Determinadas actividades sólo las puede realizar la persona enferma, pero hay otras que puede supervisar y otras pueden ser delegadas. Hay que pedir a los familiares colaboración y dejarlos escoger lo que pueden realizar y cuando realizarlo. No hay que tener temor en pedir ayuda ni sentirse incapacitado/a, nadie es realmente independiente de otras personas, todos necesitamos colaboración y ayuda.

Es difícil abandonar la supuesta independencia y aceptar la realidad de la interdependencia. Es importante conocer de antemano qué tareas son las que la persona enferma va a requerir ayuda y estará más capacitado para pedirla. Hay que dividir cada tarea en partes pequeñas y analizar cuales son imprescindibles y cuales podemos dejar.

Analizar donde realizar la tarea, hay que crear centros de trabajo que tenga todas las cosas que la persona enferma necesite y que han de permanecer allí para ser utilizadas de nuevo. Seleccionar la altura de las áreas de trabajo. Reducir los niveles de estrés con la ayuda de buena luz, ventilación, música de fondo y colores alegres.

Elaborar un horario; hay que asignar tiempos para el cuidado personal y periodos de descanso. Decidir qué tareas hay que realizar todos los días, cuales son mensuales, semanales o estacionales. Hay que procurar que la cantidad de trabajo esté uniformemente repartido a lo largo de la semana.

Las horas en que se realicen las actividades las decide la persona enferma. No hay que tener problema si se desea hacer la compra tarde o a unas horas consideradas intempestivas. Hay que planificar con antelación los periodos de descanso (10 minutos cada hora) y no incluirlo dentro del tiempo de ocio; descanso quiere decir no hacer nada.

La persona enferma debe trabajar con ambas manos si es posible, adoptando movimientos suaves y continuos. Hay que procurar deslizar los objetos en vez de levantarlos

TEMA 5

LAS DISCAPACIDADES COGNITIVAS

Las discapacidades cognitivas son las que afectan la capacidad del individuo para adquirir, manifestar o expresar los conocimientos y las habilidades sociales y entre ellas está el Alzheimer, que vamos a estudiar a continuación

Descripción del Alzheimer
Es una dolencia degenerativa de las células cerebrales (neuronas) de carácter progresivo y de origen desconocido. Es una de las formas de demencia más extendida y conocida.

Provoca un deterioro de la calidad de vida del paciente y de su entorno familiar y conlleva grandes dificultades de convivencia. La demencia es un término general que engloba varias manifestaciones entre las que se incluye una pérdida gradual de la memoria, de problemas de juicio, de desorientación, dificultad para aprender, pérdidas de habilidades con el habla y en la capacidad de realizar las tareas rutinarias. Las personas con demencia también presentan cambios en su personalidad y problemas del comportamiento.

La Organización Mundial de la Salud definió la enfermedad de Alzheimer como una dolencia degenerativa cerebral primaria de causa desconocida que presenta rasgos neuropatológicos y neuroquímicos característicos.

Causa
La causa es multifactorial.

Se produce una degeneración progresiva de neuronas que se traduce en cambios neuroquímicos en la concentración y efecto de los neurotransmisores cerebrales. Uno de los más afectados, la acetilcolina, parece el más implicado en los procesos de almacenar nueva información (memoria). Los tratamientos actuales "específicos" existentes se basan en esta hipótesis, y aumentan el "tono" colinérgico cerebral mediante la inhibición de la acetilcolinesterasa.

Base genética: alrededor de un 25% de los casos tienen antecedentes familiares, habiendo un patrón autosómico dominante en un 5-10% de los casos. En este tipo de herencia tan sólo es necesario la presencia de la mutación en una de las dos copias de material genético, bien sea de origen paterno o materno, para que se manifieste la enfermedad. En este caso el 50% de los hijos de un portador de la enfermedad llevarán la mutación en su genoma (conjunto de genes) y padecerán la enfermedad mientras la otra mitad de la descendencia será sana.

Parece claro que la edad juega un papel importante en la génesis de la enfermedad, hasta el punto que se considera que el 50% de los mayores de 85 años padecen la enfermedad. Un elevado índice de colesterol y la hipertensión arterial se han asociado a un mayor riesgo de padecer la enfermedad.

Epidemiología
En la actualidad puede haber en nuestro país alrededor de medio millón de pacientes afectados por la enfermedad de Alzheimer y la incidencia va aumentando con la edad. La padecen entre el 5 y el 7% de las personas mayores de 65 años. Con el progresivo envejecimiento de la población, las cifras en un futuro pueden ser alarmantes.

Síntomas
La enfermedad se presenta de forma lenta y progresiva.

Disminución de la memoria reciente
Los primeros síntomas consisten en olvidos y en dificultad para retener nueva información y suelen ser percibidos por el entorno del paciente, sus familiares y compañeros de trabajo antes que por él mismo. De hecho, es típico que los pacientes sean llevados a la consulta por sus familiares con la queja de "pérdida de memoria". (Si es el propio enfermo el que refiere los síntomas habrá que pensar que

pueda tratarse de una depresión). En ocasiones, para salir de la duda, puede estar indicado administrar fármacos antidepresivos, que mejorarán los síntomas si se trata de un síndrome depresivo.

Cambios en el comportamiento

Hay alteraciones en el comportamiento y en la personalidad del enfermo, con frecuencia irritación y cambios de humor. Puede llegar a aislarse del entorno familiar.

Problemas para encontrar las palabras precisas

Aunque continúe razonando y comunicándose bien con los demás, sus frases son más cortas y mezcla ideas que no tienen relación entre sí.

Otros

- Dificultad en la ejecución de gestos espontáneos y movimientos corporales.
- Confusión en realizar las tareas ordinarias.
- Alteraciones del sueño.
- Desorientación tiempo-espacio. Es normal olvidarse del día de la semana o a donde va, pero las personas con la enfermedad se pueden perder en su propia calle y no saber cómo llegó hasta allí.
- Abandono del cuidado personal.
- Pérdida de iniciativa. Se puede convertir en una persona totalmente pasiva, delante de la televisión durante horas, durmiendo mucho más de lo normal y no queriendo realizar ninguna actividad en general.

No todas las personas evolucionan de la misma manera ni hasta los últimos niveles. Hay una "escala de deterioro global" que divide la enfermedad en siete niveles de gravedad.

Diagnóstico

Los medicamentos empleados hasta este momento han demostrado su beneficio en estadios leves – moderados de la enfermedad, por lo que es muy importante un diagnóstico precoz. No existe ninguna prueba específica para diagnosticar la enfermedad, pero con las diferentes pruebas se llega a una exactitud diagnóstica del 90%.

Se debe realizar:
- ✓ Historial médico: estado mental y físico, medicaciones recibidas, salud familiar, etc.
- ✓ Evaluación mental: orientación en tiempo y espacio, capacidad de recordar y de realizar sencillas operaciones matemáticas.
- ✓ Exploración neurológica que descarte otras causas de demencia. Pruebas de neuroimágen (tomografía o resonancia magnética).
- ✓ Pruebas de laboratorio, que pueden orientar a otras causas de demencia.
- ✓ Evaluación psiquiátrica

Entender el diagnóstico
El diagnóstico de Alzheimer puede estar dentro de estas categorías:

➢ Alzheimer probable: el médico ha descartado el resto de los desórdenes que pueden producir demencia y llega a la conclusión que los síntomas que padece sean probablemente debidos a la enfermedad de Alzheimer.

➢ Alzheimer posible: que la enfermedad de Alzheimer es probablemente la causa primaria de la demencia pero que otra dolencia puede afectar la progresión de síntomas.

La persona deberá realizar una serie de preguntas a su médico para que le tenga informado, como:
- Qué significa el diagnóstico.
- Qué pruebas adicionales son necesarias para confirmar el diagnóstico.
- Qué cuidado será necesario y qué tratamiento está disponible.
- Qué más se puede hacer para aliviar los síntomas.
- Hay ensayos clínicos o nuevas investigaciones en marcha.

Tratamiento

Como la causa de la enfermedad es multifactorial, existen fármacos pertenecientes a distintos grupos terapéuticos que pueden resultar útiles en el tratamiento de la enfermedad.

Las distintas estrategias terapéuticas son las siguientes:

❖ **Tratamientos específicos**

Se basan en la capacidad de reparar determinados sistemas de neurotransmisión afectados, en concreto la actividad colinérgica, que está relacionada con la memoria. Los fármacos aprobados por la FDA (Food and Drugs Administration, organismo americano que vela por la seguridad y eficacia de los medicamentos) para el tratamiento específico de la enfermedad son:

- Tacrina (1993) (Cognex®) En Francia se ha decidido retirar del mercado, de forma progresiva, la tacrina (Cognex®), el primer fármaco utilizado en los pacientes con la enfermedad de Alzheimer. La decisión se ha basado en el resultado desfavorable de la evaluación de la relación beneficio/riesgo: una eficacia clínica poco tangible frente a una toxicidad del hígado demostrada.
- Donezepilo (1996), (Aricept®) desprovisto de hepatotoxidad. Además, el donezepilo muestra menos reacciones adversas que la tacrina por tener una mayor afinidad que esta hacia el sistema nervioso central.
- Rivastigmina (2000) (Exelon®). Menos efectos secundarios.
- Galantamina (2001). (Reminyl®)No se han detectado, por el momento (2001), diferencias de eficacia con los otros agentes IAC (tacrina, donepezilo rivastigmina) al no disponerse de estudios comparativos frente a éstos.

En general, los efectos adversos descritos hasta la fecha parecen similares a los de los otros IAC; siendo las náuseas el efecto adverso que se ha observado con mayor frecuencia.

Han demostrado que mejoran algunos aspectos cognitivos en pacientes en estado evolutivo leve – moderado y disminuyen el índice de ingresos hospitalarios.

❖ **Tratamientos sintomáticos y conductuales**
Según transcurre la enfermedad se presentan trastornos de la conducta y del ánimo que provocan alteraciones en la calidad de vida del enfermo y de la persona o personas que le cuidan. La agitación psicomotriz, la inversión del ritmo sueño – vigilia, la depresión y las alucinaciones se pueden tratar con psicofármacos.

Los trastornos de la conducta como agresividad, inestabilidad emocional, agitación, alucinaciones e insomnio se pueden tratar con neurolépticos, que deben ser vigilados por el especialista. Cuando domina la ansiedad se pueden utilizar benzodiazepinas (Valium®). Hay que tener en cuenta las posibles enfermedades que se asocien como una neumonía o úlcera de estómago, ya que cualquier trastorno y su tratamiento pueden afectar la capacidad intelectual de la persona.

❖ **Tratamiento no farmacológico**
Debe ser un complemento del tratamiento farmacológico.

❖ **Psicoestimulación cognitiva**
  - Talleres de memoria, expresión oral y reconocimiento.
  - Talleres de psico-expresión con musicoterapia, ritmo y coordinación.
  - Juegos de activación física y esquema corporal.
  - Talleres ocupacionales para mantener las habilidades conservadas y la integración social.

❖ **Psicoterapia**
Destinada a la integración de la familia en el proceso de la enfermedad mediante grupos de apoyo y tertulias de información. Se pretende reducir el estrés del cuidador, evitar

la depresión, aumentar la satisfacción ante la vida y la aceptación de la realidad.

Tratamiento de la causa y preventivo

Diferentes productos en fase de investigación implicados en la génesis de la enfermedad. Se estudia el papel neuroprotector o potenciadotas de la neurotransmisión colinérgica de diferentes sustancias como el betanecol o la L- acetil carnitina, que tiene acción antioxidante y carece de efectos secundarios.

Hay sustancias con cierto papel neuroprotector como la CDP-colina, los antioxidantes tipo vitamina E y la Selegilina, los AINES tipo indometacina o naproxeno y los estrógenos. Los últimos avances en el conocimiento de la enfermedad nos hacen verla con mucho mayor optimismo, pudiendo ralentizar la enfermedad y mejorar la calidad de vida del paciente.

Rehabilitación

El Programa de rehabilitación para los pacientes de Alzheimer deberá depender de los síntomas y de la progresión de la enfermedad. Aunque las habilidades perdidas difícilmente serán recuperadas, hay que tener en cuenta una serie de consideraciones: el ejercicio físico y la actividad social son muy importantes, al igual que un adecuado mantenimiento de nutrición y estado de salud general.

Planear actividades diarias

Como se pierde la capacidad de realizar determinadas tareas, acoja nuevas actividades en función de la capacidad del paciente.

Mantener las actividades familiares

Hay que permitir que la persona enferma termine todas las actividades que pueda por sí misma.

EN EL TEMA 2 DEL MÓDULO V DESARROLLAREMOS LO REFERENTE A LA ACTUACIÓN CON LOS ENFERMOS DE ALZHEIMER.

MÓDULO III

LA ACTUACIÓN CON EL PACIENTE DISCAPACITADO

TEMA 1

EL MANEJO DEL PACIENTE DISCAPACITADO

El tratamiento postural
El tratamiento postural de enfermos encamados tiene como finalidad aliviar la presión en una región corporal, impedir contracturas y estimular la circulación sanguínea.

Posiciones que puede adoptar una persona encamada

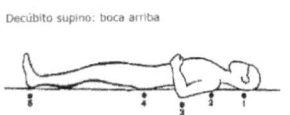
Decúbito supino: boca arriba

Decúbito supino: La persona de apoya en la espalda, con las piernas juntas y extendidas y los brazos pegados al cuerpo y extendidos.

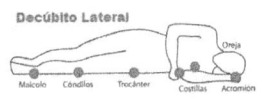
Decúbito Lateral
Oreja
Maleolo Cóndilos Trocánter Costillas Acromion

Decúbito lateral izquierdo y derecho: La persona descansa sobre un costado, derecho o izquierdo, con la espalda recta alineada con la cabeza y ésta apoyada sobre una almohada.

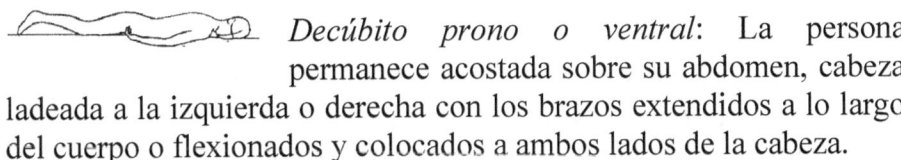

Decúbito prono o ventral: La persona permanece acostada sobre su abdomen, cabeza ladeada a la izquierda o derecha con los brazos extendidos a lo largo del cuerpo o flexionados y colocados a ambos lados de la cabeza.

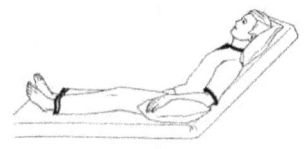

Posición de Fowler: La persona se encuentra semisentada en la cama con la cabecera levantada a 45 grados (ángulo con respecto a los pies). Las rodillas están flexionadas (colocar una almohada)

 *Posición ginecológica*: Posición decúbito supino, con las piernas separas, flexionadas las rodillas y apoyando las plantas de los pies en la cama. Los brazos se sitúan a lo largo del cuerpo. Esta posición se utiliza para el lavado de los genitales.

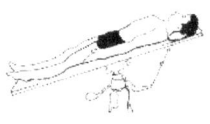 *Posición de antitrendelenburg*: La persona permanece en decúbito supino en un plano inclinado de 45 grados con respecto al suelo, con la cabeza más elevada que los pies.

 *Posición de Trendenburg*: La persona está tumbada en decúbito supino en un plano oblicuo de 45 grados respecto del suelo. Los pies de la cama están elevados sobre la cabecera, la cabeza y el tronco están más bajas que sus piernas.

 *Posición de Roser o Proetz*: La persona permanece en decúbito supino con los hombros situados a nivel del borde superior de la cama, dejando colgada la cabeza. Los brazos se extienden a lo largo del cuerpo. Esta posición es utilizada para el lavado del pelo de la persona encamada.

Frecuencia y posiciones en los cambios posturales
Se harán cada dos o tres horas. Siempre que sea posible, se adoptará la posición de decúbito prono. Si no se puede se alternará con decúbitos laterales y decúbito supino (decúbito lateral izquierdo, decúbito supino, decúbito lateral derecho, decúbito lateral izquierdo...)

Si se puede adoptar la posición de decúbito prono la rotación de los cambios posturales sería: decúbito lateral izquierdo, decúbito supino, decúbito lateral derecho, decúbito prono, decúbito lateral izquierdo, decúbito supino.....

Para adoptar las distintas posiciones se recomienda:

Decúbito supino o dorsal: se pone una almohada debajo de la cintura y otra debajo de los muslos para que el apoyo en la pelvis no sea tan fuerte. Otra almohada en las pantorrillas dejará los talones al aire.

Decúbito lateral derecho e izquierdo: se colocan las almohadas para dejar sin apoyo la cadera, la rodilla y los tobillos. Entre las dos piernas se colocará también una almohada para que no se apoye una en otra.

Decúbito prono: las almohadas se colocan en la cabeza, vientre, muslos y piernas, de esta manera se salvan las rodillas, el dedo gordo del pie y los huesos de la cadera. El pecho quedará libre para respirar cómodamente. En todas las posiciones el pie debe formar un ángulo recto con la pierna.

Posición de sentado: el respaldo del sillón debe estar poco inclinado. Se coloca un pequeño cojín en la región cervical. Bajo los muslos se coloca un cojín para evitar que la persona resbale hacia delante y así evitar el efecto cizalla.

Actividades incorrectas
- No poner protecciones en pies y talones
- Situar un cojín a nivel del hueco poplíteo (parte posterior de la rodilla) lo que dificulta el retorno venoso.
- Pinzar la sonda vesical.
- Provocar una hiper flexión cervical, que le ocasionaría dificultades respiratorias.

Actividades aconsejadas:

➢ Movilización frecuente para evitar la presión constante en los puntos de apoyo (cambios posturales cada 2-3 horas en personas encamadas).

➢ Periodos cortos de encamación.

➢ Vigilancia de los puntos de apoyo susceptibles de ulceración.

➢ Mantenimiento correcto de la higiene corporal mediante lavado con agua y jabón.

➢ Hidratación de la piel aplicando cremas hidratantes mediante masaje circular para estimular la circulación.

➢ Utilización de salva camas y pañales en personas incontinentes y cambio frecuente de los mismos.

➢ Alimentación adecuada, dieta equilibrada y suficiente ingesta de líquidos.

➢ Mantenimiento de la ropa de la cama y personal, limpia y sin arrugas.

➢ Colocación de almohadas sobre zonas de riesgo de ulceración.

Movilización de discapacitados

Se pueden dar las siguientes situaciones:

- Movilización desde la cama a la silla.
- Movilización desde la silla a la cama.

Movilización desde la cama a la silla

Si la persona dependiente puede colaborar se deberán observar los siguientes puntos:

✓ En primer lugar, se ha de colocar siempre la silla de ruedas al lado de la cama, y pos supuesto frenada.

✓ A continuación se prepara la silla de ruedas para que la persona esté cómoda. Por ejemplo, se extenderán los reposa pies, se acondicionará la silla con mantas extendidas, cojín, etc.

✓ Una vez hecho esto, se retira la ropa que cubre a la persona (mantas, sábanas, colcha, etc). Para ello tenemos que pasar uno de nuestros brazos por debajo de sus hombros, y el otro brazo por debajo de sus rodillas. Con lo cual sujetaremos su peso con el brazo que sujeta sus hombros y giramos la pierna de la persona hacia nosotros.

- ✓ Como resultado de esta operación la persona debe quedar sentada al borde de la cama (donde está la silla de ruedas) con las piernas colgando.
- ✓ En el caso de que no lleve ropa de abrigo, se le ayudará a colocársela y se le calzará.
- ✓ Para levantar a la persona del borde de la cama, ésta debería permitir que la persona tuviese los pies en el suelo. Si así no fuera, le pediremos que enlace las manos y que se sujete a la nuca de nuestro cuello.
- ✓ La persona va llevando poco a poco las caderas hacia delante hasta que los pies tocan el suelo, lo más cerca posible de la cama. Finalmente, para ayudarle a erguirse completamente, será suficiente traer la pelvis hacia delante, y, si es necesario, fijar la rodilla de la persona que le ayuda. Es útil fijar con nuestro pie el pie afectado de la persona. Con un pequeño giro sobre los pies la persona puede sentarse sobre la silla que está situada al lado de la cama.
- ✓ Para sentarse, la persona inclina la parte superior del tronco hacia delante y flexiona las caderas y rodillas.
- ✓ El cuidador/a puede favorecer el movimiento deslizando sus manos desde las caderas hasta las axilas de la persona y trayéndole hacia delante el tronco. Puede igualmente fijar entre sus rodillas la rodilla afectada para evitar que se flexione demasiado deprisa.

Si la persona que cuidamos **no tiene movilidad alguna,** se observarán los puntos siguientes:

- ✓ Se procede a realizar las mismas operaciones que en el caso anterior, o sea, colocaremos la silla de ruedas al lado de la cama, la acondicionaremos, le ayudaremos a sentarse al bode de la cama, le abrigaremos, etc.
- ✓ Una vez que la persona esté sentada al borde de la cama, dos personas se colocarán una al lado izquierdo y otra al lado derecho, entonces, pasarán ambas sus brazos por debajo de las piernas (a la altura de los muslos) del paciente.
- ✓ Hecho esto, los cuidadores que movilizan a la persona han de aferrarse fuertemente por las muñecas, hacer fuerza, levantar a la persona en el aire y sentarla en la silla de ruedas.

Movilización de una persona discapacitada desde la silla a la cama

En el caso de que la persona posea **cierta movilidad**, se seguirán las siguientes pautas:

- ✓ Se debe colocar la silla al borde de la cama y frenarla para evitar desplazamientos.
- ✓ Los pies se colocan debajo de la silla. La persona discapacitada con las manos juntas y los dedos cruzados se sujeta a la nuca de la persona que lo ayuda y ésta le invita a adelantar el tronco.
- ✓ Las rodillas deben mantenerse flexionadas durante las maniobras de enderezamiento, para ello el cuidador/a debe bloquear con sus piernas las rodillas de la persona a la que ayuda y con una mano se trae hacia delante a la cadera.
- ✓ Una vez incorporado, daremos media vuelta para que pueda sentarse al borde de la cama. Pasaremos uno de nuestros brazos por debajo de sus hombros y el otro por debajo de sus rodillas, para así mover a la persona y que ésta pueda acostarse.

Si la persona **no tiene movilidad alguna**, seguiremos las siguientes pautas:

- ✓ Para movilizarlo procederemos como en el apartado anterior, esto es, colocaremos la silla al lado de la cama, la frenamos, etc.
- ✓ Ambos cuidadores deben situarse a ambos lados de la silla y pasarán uno de sus brazos por debajo de los hombros de la persona, el otro brazo por debajo de las piernas, a la altura de los muslos.
- ✓ Ambos cuidadores se aferrarán con fuerza a la altura de sus muñecas, elevarán a la persona hasta la cama, le sentarán primero en ella y a continuación le acostarán, siguiendo el procedimiento visto anteriormente.

Técnicas de movilización de personas con importantes limitaciones de movilidad

- ✓ En primer lugar, y antes de proceder a la movilización, se deben retirar las ropas (sábanas, mantas, etc.) que cubren a la persona.
- ✓ Después se flexionan las rodillas e introducimos uno de nuestros brazos por debajo de ellas.
- ✓ El otro brazo ha de introducirse por debajo del hombro de la persona (a la altura de la axila).
- ✓ Si la persona conserva cierta movilidad puede ayudar, bien apoyándose en la cama o bien agarrándose a la cabecera y acercándose a ella, o bien agarrándose a cualquier barra de la cama.
- ✓ Si lo que queremos es darle la vuelta nos debemos situar en el lado de la cama hacia el cual queremos darle la vuelta.
- ✓ Seguidamente, el brazo de la persona que está cerca de nosotros se coloca estirado y pegado a lo largo del cuerpo.
- ✓ El brazo más lejano a nosotros de la persona debe ser flexionado y colocado sobre su pecho.
- ✓ La pierna que está más lejana a nosotros se coloca encima de la más cercana.
- ✓ A continuación tiramos de la persona y le haremos girar situándole de lado.

TEMA 2

PROBLEMAS DE ELIMINACIÓN

Incontinencia urinaria
Se define como la pérdida involuntaria de orina.

¿Cuáles son sus causas?
- Por infección urinaria. Afecta más a mujeres.
- Por pérdida del tono muscular del cuello de la vejiga.
- Por lesiones bajas de la médula espinal.

Tipos de incontinencias

De esfuerzo: al reír, al estornudar, subir escaleras, coger algún peso, etc. Al realizar estos movimientos se causa presión abdominal que supera el mecanismo de cierre de la vejiga. Es frecuente en mujeres con cuello de vejiga sin tono muscular.

De urgencia: fuerte deseo de orinar e incapacidad de retrasar la micción hasta llegar al retrete.

Por rebosamiento: pérdida de pequeñas cantidades de orina sin tener necesidad de vaciar la vejiga.

Incontinencia total: ausencia total del control de la vejiga, bien por pérdida constante de la orina o por vaciado periódico sin control.

Cuidados a tener en cuenta:
- ✓ Asegurar el fácil acceso al baño, eliminando obstáculos que pudieran dificultar su desplazamiento.
- ✓ Adaptación de los WC e iluminación adecuada.
- ✓ Tener siempre al alcance una cuña u orinal, si estuviese encamado.
- ✓ Vestidos fáciles de poner y quitar.

- ✓ No se debe restringir la ingesta de líquidos, pero sí se distribuirán.
- ✓ Si se orina en la cama, evitar que beba líquido dos horas antes de acostarse. Y por sistema ir al retrete antes de dormir.
- ✓ Mantenerlo siempre limpio y seco.

El cuidado de los pañales

Debemos tener en cuenta lo siguiente:

- ✓ Revisar con frecuencia los pañales y cambiarlos cuando sea necesario. Recordar que el contacto prolongado de la orina con la piel aumenta el riesgo de infección y favorece la irritación de la piel.
- ✓ Limpiar y secar bien la piel cada vez que se cambie el pañal y aplicar crema protectora por toda la zona.
- ✓ Comprobar diariamente que no haya enrojecimiento o irritación cutánea en alguna parte de su piel.
- ✓ Vigilar el color y olor de la orina por si hubiese infección.

Colectores

Son dispositivos en forma de copa que envuelven el pene y recogen pequeñas cantidades de orina. Útiles para hombres que tengan pérdida de orina. Por el extremo se conecta una bolsa colectora de la misma.

A tener en cuenta en los cuidados del sondaje vesical

- ✓ Dos veces al día limpiar la piel alrededor de la sonda con agua y jabón, secándola sin frotar.
- ✓ En las mujeres se separarán los labios mayores y se lavarán de arriba hacia abajo.
- ✓ En varones, descubrir el glande.
- ✓ No tirar nunca de la sonda, podría provocar lesiones internas.
- ✓ Mantener siempre la sonda y la bolsa colectora por debajo del nivel de la vejiga.
- ✓ Vaciar la bolsa antes de que llegue hasta arriba.
- ✓ La bolsa nunca debe estar en contacto con el suelo.
- ✓ Mantener siempre la bolsa libre de acodamientos y obstrucción. Para ello hay que vigilar: si el nivel de orina ha dejado de aumentar, si el sitio donde se halla la persona está

mojado, si la persona está inquieta, incómoda, tiene dolor en el bajo vientre o bien muchas ganas de orinar.
- ✓ Colocar las bolsas al lado de la cama, sillas o camillas Nunca en posición invertida o por encima del nivel de la vejiga.
- ✓ Fijar el catéter en la cara interna del muslo.

Cómo prevenir las complicaciones

- ✓ Ingerir 1,5 litros de agua.
- ✓ Vaciado completo de la vejiga cada vez que tengan ganas de orinar.
- ✓ Limpieza de la zona perineal de delante hacia atrás.
- ✓ Cambio a menudo de pañales.

Signos de alarma de infección

- ✓ Deseo imperioso de orinar, aún después de haberlo hecho.
- ✓ Dolor o quemazón antes o durante la micción.
- ✓ Orina turbia, espesa y maloliente.
- ✓ Presencia de sangre en la orina.
- ✓ Excreción ocasional de pus.
- ✓ Espasmos o dolor en forma de cólico en el vientre.

Otras incontinencias

- ➢ **Incontinencia fecal:** Se define como la incapacidad para controlar la expulsión de las heces.
  Causas: aumento de la presión intra abdominal (tos, risa) y debilidad de esfínteres.
  Cuidados: Cambio de pañales frecuente, lavado y secado de la zona y colocación de ropa protectora en la cama (hule, salvacamas, suapeles)

- ➢ **Diarreas:** Entendemos por diarrea cuando una persona emite, con una frecuencia mayor de lo que es habitual, heces acuosas o sueltas con retortijones, siente flatulencia y aumento de la intensidad y frecuencia de los sonidos intestinales. Se produce una pérdida de líquidos y sales minerales que puede llevar a la deshidratación. Ésta aparece rápidamente en ancianos.

Causas: Las causas más frecuentes son alimentación excesiva, efectos adversos de algunos medicamentos (sobre todo antibióticos), excitación emocional excesiva (angustia, temor, nerviosismo, etc.) y diversas enfermedades.

Cuidados: Forzar la ingesta de líquidos para contrarrestar la pérdida y así evitar la deshidratación. Los líquidos aconsejados son limonada alcalina (se prepara con un litro de agua hervida, el zumo de dos limones, una punta de cuchillo de sal, una punta de cuchillo de bicarbonato y azúcar o sacarina), té frío, caldos desgrasados, agua de arroz. Si tiene problemas para la ingestión de líquidos se puede sustituir por gelatinas y yogures naturales.

No dar alimentos ricos en residuos como vegetales, fruta seca, pan integral, etc. No dar leche, ya que la lactosa que contiene no se digiere y atrae agua, produciendo así más diarrea. Son alimentos astringentes: arroz blanco, la zanahoria rallada, pescado hervido.

➤ **Estreñimiento:** Hablamos que una persona tiene estreñimiento cuando manifiesta dificultad para la evacuación o la emisión de heces, y ésta es menos frecuente de lo habitual. También indica una dureza de las heces y una sensación de evacuación incompleta.
Causas: las causas más frecuentes de estreñimiento son: alimentación inadecuada, disminución de la ingesta de líquidos, inmovilidad, supresión brusca del tabaco y el efecto adverso de fármacos antiácidos, diuréticos, compuestos de hierro.

Cuidados: estimular a la persona para que realice ejercicio físico. Forzar la ingesta de líquidos hasta dos litros diarios para aumentar el bolo alimenticio. Dar alimentos ricos en residuos como vegetales crudos, frutas secas, pan integral, etc. No poner enemas ni dar laxantes.

La colocación de cuñas a personas encamadas

La cuña es un objeto que sirve para recoger las deposiciones de las personas encamadas continentes. Las normas generales para su colocación son:

- ✓ Antes de colocarla, se debe observar que está completamente limpia y desinfectada.
- ✓ A continuación procederemos a flexionar las rodillas de tal manera que toda la planta del pie esté en contacto con la cama.
- ✓ En esta posición se pide a la persona que levante la pelvis y se coloca la cuña por debajo. Si no puede levantar la pelvis, tendremos que elevar nosotros a la persona o ponerla de lado.
- ✓ Para la retirada se procederá a la inversa, esto es, elevar a la persona ligeramente para que deje libre de peso la cuña, para su extracción.
- ✓ Hay que ponerse guantes para llevar a cabo estas actividades.

Limpieza y desinfección de cuñas y botellas

- ✓ Las cuñas y botellas deben ser individuales para cada persona que las necesite. Deben limpiarse después de su uso con agua y un antiséptico adecuado (generalmente lejía).
- ✓ Tras la utilización de estos materiales es aconsejable utilizar guantes, y siempre lavarse las manos al terminar.

Prevención de lesiones de los cuidadores

En muchas ocasiones los cuidadores están mal preparados físicamente para aquellos cuidados que requieren esfuerzo físico, siendo el desplazamiento de objetos y aparatos o la movilización de individuos, actos facilitadores de riesgo de accidente para el personal cuidador.

Entre las lesiones que con más frecuencia se dan en estos profesionales, están los problemas musculares, sobre todos las algias. Estos problemas pueden prevenirse, ya que, en general, son consecuencia de una incorrecta alineación o de la pérdida de equilibrio en los movimientos corporales, realizados de forma inadecuada.

Nociones sobre alineación corporal y equilibrio
La alineación se define como el resultado de una buena relación entre los diferentes segmentos del cuerpo. Si la alineación es correcta resulta fácil mantener el equilibrio. La sección más importante del cuerpo (pelvis, tórax, cabeza), se apoya en estructuras situadas bajo ella misma, y a menudo son muy pequeñas (huesos del pie, vértebras), por lo que para conservar el equilibrio armonioso de estas estructuras, los músculos y los ligamentos deben ser utilizados de forma adecuada.

Existen tres principios de gravedad que desempeñan un papel importante en nuestro equilibrio corporal:

> **Centro de gravedad:** punto situado en la región de la pelvis a nivel de la segunda vértebra sacra. La situación exacta varía con la estructura corporal.

> **Base de soporte:** permite una base estable que impide que el cuerpo se caiga hacia atrás procurando una estabilidad en movimientos tales como levantar, empujar y tirar.

> **Línea de gravedad:** línea imaginaria que cae sobre el plano frontal del cuerpo. Pasa detrás de la oreja, continúa hacia abajo pasando por detrás del centro de la rodilla y el maléolo. A veces sobrevienen variaciones de tipo individual a causa de la estructura del esqueleto y las curvas de la columna vertebral.

Formas de adquirir una correcta alineación corporal
✓ Comenzar por adoptar una buena base de apoyo.
✓ Colocar los pies paralelos a una distancia de 15-20 centímetros. Si los pies están paralelos, las articulaciones se hallarán alineadas.
✓ Distribuir nuestro peso uniformemente. Esto permite a nuestras articulaciones y a sus estructuras de soporte dividir el peso y compartir por igual el trabajo.

- ✓ Mantener las rodillas ligeramente flexionadas. Una ligera flexión absorbe los choques y previene los movimientos de traqueteo del cuerpo. Igualmente previene la hiper extensión de rodillas, que causa dolor y bloque la articulación.
- ✓ Meter las nalgas hacia dentro. Este movimiento previene la posible inclinación hacia atrás y permite una igual distribución de la presión en todos los discos intervertebrales.
- ✓ Mantener alto el abdomen y meter el vientre hacia dentro. Este movimiento permite soportar los órganos abdominales y disminuir la tensión muscular sobre la espalda.
- ✓ Elevar la caja torácica. Elevando el pecho se consigue una mejor expansión pulmonar, los hombros descansan y no permanecen rígidos. La espalda abovedada desaparece.

Prevención de alteraciones de la estructura corporal

Con objeto de prevenir alteraciones de la estructura corporal del personal en el acto de movilizar a personas son útiles los siguientes consejos:

- ✓ Una postura correcta implica siempre mantener el cuerpo en su debida alineación, es decir, que la línea de gravedad caiga en su base de sustentación o realizando cualquier actividad, ya sea estando de pie, sentado, en movimiento o realizando cualquiera otra actividad.
- ✓ Los grandes músculos se fatigan menos que los pequeños.
- ✓ Mantener la alineación del tronco puede evitar micro traumatismos en las vértebras y musculatura de la columna.
- ✓ Es mejor doblar las piernas que curvar la columna.
- ✓ Todo el plano corporal debe estar en la misma dirección del movimiento.
- ✓ Se debe evitar la torsión de la espalda.
- ✓ El giro debe realizarse desplazando la posición de los pies.
- ✓ Flexionar las piernas al inclinarse, corregir la posición de la pelvis y levantarse mediante la fuerza de la musculatura de las caderas, piernas y abdomen. Evitar que el tronco soporte un peso excesivo, disminuye el riesgo de traumatismo en la columna.

- ✓ Se gasta menos energía sosteniendo un objeto cerca de nuestro centro de gravedad, incorporando su peso y evitando que toda la fuerza recaiga en los brazos.
- ✓ Mantener el plano corporal en dirección al movimiento y ampliar la base de
- ✓ sustentación en dirección al mismo, da más estabilidad.

MÓDULO IV

HIGIENE Y ALIMENTACIÓN

TEMA 1

LA HIGIENE PERSONAL

El cuidado de los pies
Para mantener una buena higiene en los pies, es necesario:

- ✓ Lavarlos frecuentemente con agua y jabón. Para ello meter los pies en una palangana con agua templada jabonosa y dejarlos sumergidos durante aproximadamente diez minutos.
- ✓ Frotar, con una esponja o manopla, sobre todo entre los dedos y alrededor de las uñas.
- ✓ Pasado este tiempo, sacarlos y secarlos, teniendo especial cuidado en los espacios interdigitales. Dar crema o polvos desodorantes.
- ✓ Observar los pies por si existe algún tipo de lesión.
- ✓ Utilizar calcetines de lana o algodón preferentemente, evitando los de tejidos sintéticos. El elástico del calcetín que no oprima para que no dificulte la circulación sanguínea. Cambiarlos todos los días.
- ✓ Se pueden utilizar plantillas que absorban la transpiración. El calzado debe ser cómodo y ancho, que no oprima.

Cuidado de durezas y callosidades: no cortar con hojilla ni profundizar demasiado. Usar limas o aparatos que corten la piel en capas finas. Cuidado con los callicidas porque queman. Procure no hacer sangre.

El cuidado de las uñas

Las uñas, tanto de los pies como de las manos, hay que cortarlas frecuentemente y limarlas después de cortarlas. Unas uñas cortas acumulan menos suciedad.

Las uñas de las manos se cortarán en línea recta y se limarán después los picos que queden a los lados para evitar que lesionen el dedo de al lado. Si las uñas de los pies están duras cortarlas tras haber estado los pies sumergidos unos 10-15 minutos en agua templada para ablandarlas.

Cuidados bucales

La boca contiene gran cantidad de microbios, éstos pueden hacerse patógenos y provocar afecciones locales.

Objetivo: evitar afecciones bucales y que los dientes se deterioren.

Técnica:

- ✓ El cepillado dentario elimina los restos orgánicos y previene la caries. Hay que lavar y cepillar los dientes después de cada comida y antes de acostarse.
- ✓ El cepillo debe ser de cabeza pequeña, con cerdas de dureza intermedia y mango anatómico.
- ✓ Los dientes deben cepillarse en sentido vertical, desde la encía hasta la punta de los dientes, primero por su cara anterior y luego por su cara posterior. Las muelas se cepillarán de delante hacia atrás. También se tiene que cepillar la lengua desde atrás hacia delante.
- ✓ Utilizar crema o pasta dentífrica que contenga flúor y sin abrasivos.
- ✓ En personas en las que no pueda realizarse la higiene bucal, la haremos nosotros, y además del cepillado, debemos limpiar el interior de la boca, el paladar y la lengua con un depresor lingual cubierto con gasa empapada con un antiséptico bucal.
- ✓ Si existiera algún problema de dolor o molestia acudir al odontólogo.

Cuidado de las orejas y oídos

Para mantener una buena higiene de estas partes del cuerpo es necesario:

- ✓ Lavar a diario para evitar acumulación de cerumen. El conducto auditivo externo se lava con agua templada y jabón.
- ✓ Secado posterior, sobre todo del pliegue retro auricular.
- ✓ Si se forman tapones de cerumen, acudir al médico.
- ✓ No introducir en los oídos objetos punzantes, bastoncillos ni agua fría.

Cuidado de los cabellos

Objetivo: Mantener la higiene de esta parte del cuerpo que está en contacto con polvo, sudor, etc. Evitar la aparición de parásitos. Proporcionar comodidad a la persona.

Técnica:
- ✓ Mantener una longitud adecuada que permita el lavado periódico (al menos una vez por semana)
- ✓ Enjabonado del cabello con un champú suave y adecuado a cada tipo de cabello, aplicando un ligero masaje.
- ✓ Aclarado con abundante agua templada. Secado del cabello con toalla o con secador a temperatura no muy caliente.
- ✓ En caso de parásitos, no es necesario el rasurado del cabello, pero si es aconsejable cortarlo. Hay varios tratamientos eficaces consistentes en empapar la cabeza con productos que van desde los medios más clásicos, tipo alcohol metílico, vinagre, etc, hasta lociones antiparasitarias más modernas. Después de empapar el cabello se cubrirá con gorro durante una hora, posteriormente se pasará un peine espeso y se lavará.

El afeitado
Para tener una buena apariencia, es necesario afeitarse cada día y arreglarse el bigote, patillas y barba con regularidad.

Técnica
- ✓ Es necesaria una buena luz. Humedecer la zona a rasurar con agua y enjabonar. A continuación se procede al afeitado o rasurado siguiendo, para evitar las posibles irritaciones, el

sentido del crecimiento del vello y con mucho cuidado para evitar los cortes.
- ✓ Hay que tener cuidado con las arrugas y pliegues. En caso de herida cohibir pronto la hemorragia y prevenir la infección de la misma.
- ✓ Hay que proceder a aclarar con agua y secar la zona rasurada. Terminar con una loción para después del afeitado.

Pliegues corporales

Los pliegues acumulan sudor, lo que favorece el crecimiento bacteriano y la maceración de la piel, por lo que pueden aparecer grietas y escoceduras. Hay que vigilar, por tanto, todos los pliegues del cuerpo: cuello, axilas, ingles, espacios interdigitales, región retro-auricular, sub mamario, infla-abdominal y pliegue inter glúteo.

Se debe realizar un lavado frecuente de dichas zonas con agua y jabón neutro y, lo que es más importante, secar minuciosamente para evitar el riesgo de la aparición de hongos.

Vestuario de ropa y cama

La función principal del vestido es mantener la temperatura del cuerpo y protegerlo de los agentes externos (frío, sol, calor, lluvia, etc.)

Una persona puede tener mermada su capacidad para realizar tareas tan simples y necesarias en la vida diaria como pueden ser el vestirse o desnudarse. Las causas pueden ser múltiples: pérdida de movimientos en cualquiera de los miembros superiores o inferiores, alteraciones por cualquier tipo de afección reumática severa, problemas de coordinación, pérdida de sensibilidad, etc.

En general, para facilitar esta tarea hay que tener en cuenta los siguientes puntos:
- ✓ La ropa debe permitir libertad y amplitud de movimientos.
- ✓ Evitar ropa difícil de poner y quitar.
- ✓ Prescindir de prendas ajustadas, cuellos y puños estrechos y cerrados, géneros poco elásticos, etc.
- ✓ Son más fáciles de poner las prendas abiertas.

✓ Los zapatos deben ser cómodos y con suela antideslizante.

Vestido de la parte superior

El vestido de la parte superior se puede realizar tanto en posición de sentado como de pie. Como norma, para colocar las prendas superiores, se comenzará por introducir el miembro más afectado, se tirará de la prenda por detrás de la cabeza o alrededor de la cintura, finalmente introducir el brazo que queda por la otra manga, hasta su completa colocación.

Para desvestirse, procederemos inversamente al modo utilizado para vestirse, es decir, se comenzará por la manga que corresponda al brazo menos afectado para así permitir mayor facilidad de movimientos.

Vestido de la parte inferior

La colocación de las prendas correspondientes a la parte inferior se realiza, en casi todos los casos, con mayor comodidad en la cama, pues se evita la necesidad de mantener el equilibrio en la posición de pie, o la potencia necesaria para elevar la cadera en la posición de sentado.

Para poner un pantalón, comenzaremos por introducir primero la pierna más afectada, posteriormente introduciremos la otra. A continuación, si la persona puede colaborar, doblará las rodillas, apoyando las plantas de los pies en la cama, y levantará las caderas para poder colocar el pantalón hasta la cintura.

Para desvestirse, procederemos inversamente al método utilizado para poner la prenda.

Cambio de ropa de cama

La cama debe estar siempre limpia y sin arrugas, para proporcionar comodidad, bienestar y facilidad de movimientos.

Material: sábanas bajera y encimera, sábana entremetida (que se puede colocar transversalmente), manta, colcha, almohada con funda, funda para el colchón (si se ha ensuciado) y bolsa para la ropa sucia.

Técnica a emplear en cama desocupada

- ✓ Lavarse las manos antes y después de arreglarla.
- ✓ Llevar todo el material necesario y colocarlo en una silla, al alcance de la mano, colocando por encima lo que se vaya a utilizar en primer lugar.
- ✓ Retirar la colcha y la manta por separado.
- ✓ Si se van a volver a utilizar, se doblarán y se reservan sobre el respaldo de la silla.
- ✓ Retirar las sábanas e introducirlas en la bolsa de la ropa sucia.
- ✓ Cambiar la funda del colchón si está sucia, o estirar la ya existente.
- ✓ Extender la sábana bajera sobre la cama, debe quedar centrada. Remeter primero la cabecera, luego los pies y doblar y doblar las esquinas en ingletes o en forma de mitra. Seguidamente, remeter los laterales.
- ✓ La sábana debe quedar sin pliegues ni arrugas que afecten a la comodidad de la persona y favorezcan la aparición de úlceras por presión.
- ✓ En caso necesario, encima de la sábana bajera se colocará una sábana entremetida o empapadora desde la cintura hasta los muslos (sobre todo en personas encamadas y/o incontinentes)
- ✓ Colocar la sábana encimera y comprobar que el revés esté hacia arriba; entremeter la parte de los pies dejándola floja.
- ✓ Extender la manta sobre la cama, dejando el borde superior a 15-20 centímetros por debajo del colchón y de la sábana encimera.
- ✓ Colocar la colcha sobre la manta, remeter el borde superior a 3 centímetros bajo el extremo de la manta. Estirar hacia los pies.
- ✓ Hacer el embozo de la sábana sobre la manta y la colcha.
- ✓ A los pies de la cama, remeter la sábana encimera, manta y colcha bajo el colchón.
- ✓ Hacer un pliegue mitra modificado.
- ✓ Finalmente colocará la almohada enfundada.
- ✓ Para facilitar la comodidad de la persona, se suele aflojar la sábana encimera y la manta a nivel de los pies, haciendo un pliegue.

Técnica en cama ocupada

Este procedimiento se realiza con la persona acostada dentro de la cama, cuando por su estado no puede levantarse, y, generalmente, tras el aseo diario. Hay que tener en cuenta:

- ✓ Cerrar la puerta. La persona nunca debe ser descubierta totalmente. La persona no debe enfriarse.
- ✓ Preparar el material al alcance de la mano y en el orden en que se va a usar, y lavarse las manos.
- ✓ Soltar la colcha, manta y sábana encimera. Retirar la almohada, colcha y manta por separado. Doblarlas y colocarlas sobre el respaldo de una silla.
- ✓ Mantener a la persona tapada con la sábana encimera para preservar su intimidad.
- ✓ Quitar la almohada.
- ✓ Colocar a la persona en decúbito lateral dándonos la espalda.
- ✓ Soltar y enrollar la sábana bajera hacia el centro de la cama, metiendo los bordes un poco por debajo de la persona.
- ✓ Secar la funda del colchón si está húmeda. Retirarla y colocar una nueva si está manchada.
- ✓ Colocar una sábana bajera limpia. Debe quedar centrada. Enrollarla hacia el centro de la cama y debajo de la persona. Extender bien y remeter la parte inferior, superior y lateral con la técnica de la mitra, ir al otro lado de la cama, girar a la persona hacia el otro lado, de forma que quede sobre la sábana limpia.
- ✓ Retirar la sábana sucia, introducirla en la bolsa y extender la sábana limpia, sin arrugas desde la cabecera a los pies.
- ✓ Realizar el pliegue de la mitra.
- ✓ Colocar a la persona en decúbito supino, extender la sábana encimera desde la cabecera a los pies.
- ✓ Retirar por debajo de ésta la sábana sucia.
- ✓ Colocar la manta, la colcha y hacer el embozo.
- ✓ Colocar la funda de la almohada.
- ✓ Colocar cómoda a la persona.
- ✓ Ordenar la habitación.
- ✓ Retirar la ropa sucia y lavarse las manos. Evaluar el estado de la piel.

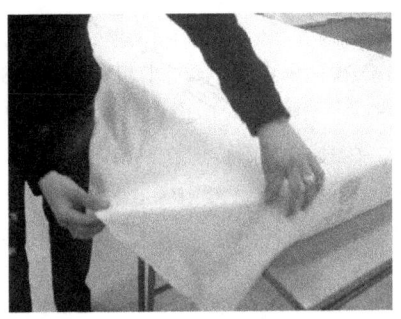

Pliegue de mitra

El pliegue de mitra es la forma en que se doblan las esquinas de las sábanas en el hospital. Es una doblez muy resistente que no se suelta aunque la persona se mueva mucho en la cama.

Técnica

✓ Extender la sábana centrada sobre el colchón, colgando sobre los costados unos 25 centímetros.

✓ Con una mano levantar la cabecera del colchón y con la otra remeter la parte superior de la sábana bajo el colchón.

✓ Levantar la sábana que cuelga en el lateral cerca del borde superior de la cama, de manera que se forme un triángulo y la base de este triángulo coincida con el lateral del colchón.

✓ La sábana que cuelga del colchón se introduce bajo éste.

✓ Con la misma mano sostener la sábana cubriendo el lateral del colchón y con la otra bajar el vértice del triángulo hacia abajo, sobre el lateral y remeterlo debajo del colchón.

✓ Hacer lo mismo en la esquina inferior y remeter el resto de la sábana bajo el colchón desde la cabecera a los pies.

✓ La técnica es la misma para las cuatro esquinas de la cama. La sábana debe quedar bien estirada. Para la sábana superior, manta y colcha no se mete el vértice del triángulo ni los laterales por debajo del colchón, de forma que queden más sueltas y se favorezca la movilidad. Esto es lo que se llama pliegue de mitra modificado.

TEMA 2

ALIMENTACIÓN Y NUTRICIÓN

Hábitos alimentarios
Los hábitos alimentarios de las poblaciones son la expresión de sus creencias y tradiciones y están ligados al medio geográfico y a la disponibilidad alimentaria. Los factores que condicionan los hábitos alimentarios son de tipo económico, religioso (como las normas de la Torah o del Corán, que se relacionaban a su vez con la higiene), psicológico y pragmático.

Dichos factores evolucionan a lo largo de los años y constituyen la respuesta a los nuevos estilos de vida, a los nuevos productos a consumir, a las comidas rápidas (fast foods), etc. y se relacionan muy directamente con el aumento de los recursos y con el contacto entre gentes de culturas alimentarias distintas (sirva como ejemplo de esto, los hábitos anteriores y posteriores al descubrimiento de América, tanto por el contacto con otras culturas no conocidas entonces, como por la aparición de nuevos productos en la dieta: tomates, patatas, etc).

Los hábitos alimentarios del mundo occidental se caracterizan, cuantitativamente, por un consumo excesivo de alimentos, superior, en términos generales, a las ingestas recomendadas en cuanto a energía y nutrientes para el conjunto de la población y, cualitativamente, por un tipo de dieta rica en proteínas y grasas de origen animal. Los hábitos alimentarios responden, fundamentalmente, a la disponibilidad de alimentos y la elección final determina el perfil de la dieta. Ambas situaciones están condicionadas por numerosos factores.

Mediante la educación nutricional se pretende modificar el comportamiento alimentario de las personas, pues ésta constituye, pese a sus limitaciones, un instrumento eficaz para promover la salud y prevenir la enfermedad. La eficacia de los programas de educación nutricional se evalúa a través de los conocimientos, el desarrollo de las actitudes positivas hacia la salud y la implantación, finalmente, de conductas permanentes.

Además de una alimentación correcta y equilibrada, la lucha contra el sedentarismo y el impulso de estilos de vida que incluyan una dedicación al ejercicio físico son la mejor manera de mantener niveles adecuados de salud en las distintas etapas de la vida.

No se trata de preconizar el ejercicio físico desde la competición deportiva o la obsesión de superar retos individuales sino de hacer una vida activa, por ejemplo caminar en lugar de usar medios de transporte para resolver las actividades de la vida diaria, pasear como un medio de utilizar el tiempo libre, etc.

Origen de los hábitos alimentarios
Los hábitos alimentarios nacen en la familia, pueden reforzarse en el medio escolar y se contrastan en la comunidad en contacto con los pares y con el medio social. Sufren las presiones del marketing y la publicidad ejercida por las empresas agroalimentarias.

La alimentación es una necesidad fisiológica necesaria para la vida que tiene una importante dimensión social y cultural. Comer está vinculado por un lado a saciar el hambre (para vivir) y por otro al buen gusto, y la combinación de ambos factores puede llegar a generar placer. En el acto de comer entran en juego los sentidos (unos de forma evidente, vista, olfato, gusto y tacto, y, por último, el oído puede intervenir al recibir mensajes publicitarios sobre alimentos).

La evolución del comportamiento alimentario se ha producido como consecuencia de diferentes factores, por ejemplo:

- Paso de una economía de autoconsumo a una economía de mercado.
- El trabajo de la mujer fuera del hogar
- Los nuevos sistemas de organización familiar etc.

Pero siempre ha sido ratificada por la cultura que fija los principios de exclusión (esto no se debe comer, o no es aconsejable para niños, o, quizás, lo es para hombres pero no para mujeres) y de asociación (este alimento es bueno para embarazadas, lactantes y ancianos), así como las prescripciones y prohibiciones de alimentos para grupos de edad.

Hay que estimular en la población sentimientos de responsabilidad y solidaridad en relación con el reparto de alimentos. Una gran parte de la población mundial sufre las consecuencias de la malnutrición y la otra parte de población que está sobrealimentada sufre, a su vez enfermedades debidas al exceso de alimentación.

Otro de los cambios sociales que se están produciendo en nuestra sociedad es la presencia, cada vez más numerosa, de ciudadanos de otros países que se integran en nuestra población con las expectativas de mejorar sus condiciones de vida. Las *costumbres alimentarias* de los inmigrantes generalmente pueden ser muy distintas a las del país que les recibe y es muy importante, en aras de la convivencia y el respeto, que no constituyan un elemento de conflicto y marginación, bien al contrario, que contribuyan a un enriquecimiento cultural para las comunidades que los reciben.

La tradición, los mitos y los símbolos son determinantes de la comida de cada día, intervienen en las preferencias y aversiones que manifiestan los individuos y juegan un importante papel en las formas de preparación, distribución y servicio de alimentos.

En la actualidad, junto a las tecnologías más avanzadas en la transformación y uso de los alimentos, la tradición gastronómica aparece como un valor en alza. La publicidad de los alimentos utiliza como motivaciones de venta expresiones tales como *lo natural, lo artesano, el buen hacer de nuestros mayores, alimentos propios de tu tierra, tus raíces, etc*. con la seguridad de que este planteamiento estimulará al consumidor hacia su consumo.

El alimento y sus dimensiones
El alimento es la expresión de diferentes dimensiones:

Económica: tiene un precio que le puede hacer o no asequible al grupo de población que desea consumirlo.

Física: su aspecto externo viene determinado por el color, olor, textura, forma y sabor.

Social: se integra en los códigos de prestigio y oportunidad de consumo fijados por el grupo.

Psíquica: aceptación o rechazo del alimento en función de su inclusión o no en el catálogo de alimentos habituales del grupo consumidor, es decir sancionado por la cultura alimentaria propia.

De seguridad alimentaria: garantiza la idoneidad de consumo por las buenas condiciones higiénico-sanitarias.

De comodidad de uso: responde a las exigencias de simplicidad en el manejo que el consumidor de hoy demanda.

Nueva tendencia en los hábitos alimentarios
La distribución y el consumo de alimentos es una forma muy expresiva para valorar el funcionamiento de la organización familiar, laboral y escolar así como las propias relaciones sociales que se generan en relación con los alimentos.

Las denominadas preferencias alimentarias identifican e integran a los individuos en grupos ("junk food" o comida basura), la comida rápida de los adolescentes, el "snack" o tentempié del adulto; el "self service" (sírvase usted mismo) que ha convertido a las personas en camarero/comensal, en una nueva concepción de las formas de consumir alimentos, etc.

La sociedad actual sufre una evolución notable en los hábitos alimentarios de los ciudadanos como consecuencia del impacto de los nuevos estilos de vida que han condicionado la organización familiar. Igualmente el desarrollo de avanzadas tecnologías en el área agroalimentaria ha puesto a disposición de los consumidores los denominados "alimentos servicio", especialmente diseñados para facilitar la preparación y consumo de los mismos.

En la actualidad existe una gran preocupación por la salud y se reconoce a la alimentación adecuada como un instrumento de protección de la salud y prevención de la enfermedad, si bien, las encuestas demuestran que la elección de alimentos está condicionada por el factor económico y el gusto en primer lugar, seguido de la comodidad, simplicidad en la preparación culinaria y el valor nutritivo que los alimentos aportan a la dieta.

Hay un factor en el cambio de hábitos alimentarios muy importante: la aculturización. El mundo de hoy, convertido en una "aldea global" y bajo la presión de las multinacionales que hacen de la publicidad un valioso instrumento de convicción, obtiene una gran uniformidad en los hábitos alimentarios, especialmente entre los más jóvenes.

Factores socioculturales que afectan al consumo de alimentos
- Técnicas de producción, elaboración y conservación.
- Técnicas de marketing social y de consumo.
- Posibilidades de comunicación y transporte.
- Actitud hacia los alimentos.
- Imagen corporal que responda a los cánones estéticos de moda.
- Código culinario que prescribe formas de preparación y consumo.
- Prohibiciones, tabúes y mitos.
- Disponibilidad de recursos: dinero, tiempo, habilidad personal.
- Factores no racionales en la elección.

Las personas acceden a un universo sensorial, antes de conocer el valor nutritivo de los alimentos, en el que se han desarrollado determinados patrones culturales alimentarios y esto condiciona sus hábitos. Afortunadamente las prácticas alimentarias son dinámicas y suelen cambiar en la medida en que las gentes se ven obligadas a modificar sus estilos de vida

El patrimonio cultural alimentario se obtiene, desde el nacimiento, en un lugar dado y en relación con una sociedad concreta pero los comportamientos alimentarios se mueven en un marco de referencia beneficiándose del patrimonio biológico y cultural y, por supuesto, sometidos a presiones externas

La alimentación y sus paradojas

El ser humano es omnívoro lo que permite su adaptación a distintas condiciones y latitudes pero le hace dependiente de una dieta diversificada como respuesta a sus necesidades nutritivas.

Las conductas alimentarias humanas son el resultado de interacciones y aprendizajes múltiples de ahí la necesidad de tener en cuenta numerosos factores como se ha comentado.

Son evolutivas, integran datos racionales e irracionales y tienen una base importante en experiencias personales, positivas o negativas, de ahí la importancia de cuidar todo lo relacionado con el consumo de alimentos.

En la civilización occidental se dan desequilibrios en la dieta por exceso y en otras zonas del planeta se da el fenómeno contrario: desequilibrio en la alimentación por defecto.

Hay una larga lista de mitos y creencias en torno a la alimentación que deben ser conocidas para poder modificar hábitos, a modo de ejemplo, citaremos algunas de ellas:

- Sobrevalorar los caldos cuando estos apenas llevan proteínas ya que éstas por el calor se coagulan y se quedan en la carne hervida.
- Considerar que "el alcohol abre el apetito", cuando en realidad sus efectos perjudiciales superan con mucho su aporte nutricional.
- Sobrestimar el valor nutritivo de determinados productos como la soja, el polen, las algas, cuando en gran parte, se consumen por moda y sus nutrientes se pueden encontrar en otros productos.

- Considerar que los productos congelados tienen menos valor nutritivo que los frescos, cuando en realidad tienen el mismo.
- Pensar que "los niños y los ancianos deben comer sobre todo carne y pescado", cuando realmente se debe comer de todo y a todas las edades.
- Otra creencia es que no es igual tomar queso que leche, cuando en realidad tiene valores nutritivos similares y se deben alternar.
- Pensar que el huevo en crudo alimenta más que el huevo cocido, cuando realmente es lo contrario.

Tendencias futuras de los consumidores en materia de hábitos alimentarios

Existe una tendencia natural entre la población joven a no considerar como factor de riesgo para su salud, una alimentación inadecuada; y dicha actitud se va prolongando hasta edades avanzadas en que los hábitos adquiridos se convierten en rutina.

Otra causa puede ser la progresiva sustitución de la dieta mediterránea tradicional por dietas con un mayor contenido en grasas, azúcares y proteínas de origen animal, propias de los establecimientos de comida rápida que ha introducido la cultura alimentaria americana, muy en especial entre los jóvenes.

La mayor educación e información que recibe el consumidor actual hace que éste sea más exigente en cuanto a la relación precio/calidad de los productos.

Asimismo, existe una mayor toma de conciencia en la escuela, hacia la educación nutricional (como parte de la educación para la salud) que va a permitir a los ciudadanos tener un mejor criterio a la hora de elaborar sus dietas.

El ritmo de vida actual ha modificado las formas tradicionales de compra de alimentos, siendo frecuente la forma semanal y mensual y la presencia en la casa de productos congelados de fácil conservación y preparación.

El uso de los servicios de restauración colectiva ha aumentado, y sigue creciendo, por lo que se hace necesario, además del control higiénico de este tipo de establecimientos regulado por las Reglamentaciones Técnico Sanitarias, orientar sus ofertas, muy especialmente en la restauración escolar y laboral, para que sean nutritivamente equilibradas.

ALIMENTACIÓN Y NUTRICIÓN: RELACIÓN DIETA-SALUD

Alimentación es el conjunto de actividades y procesos por los cuales tomamos alimentos del exterior, portadores de energía y sustancias nutritivas necesarias para el mantenimiento de la vida. De todos los elementos contenidos en los alimentos hay unos 40 de los que el ser humano tiene dependencia absoluta y, por eso, se llaman **nutrientes esenciales**, ya que el organismo no los puede sintetizar.

Para que todas las sustancias nutritivas presentes en los alimentos sean aprovechables, deben sufrir una serie de cambios: digestión, absorción y metabolismo.

Aunque el conocimiento sobre la relación dieta-salud ha estado, a lo largo de la historia de la humanidad, muy vinculada al saber médico e incluso al saber popular, las conexiones concretas han sido claramente especulativas hasta el siglo XIX. Cuando Lavoisier estableció que el organismo obtenía la energía para vivir a través de la oxidación de los alimentos y Magendie demostró que las proteínas eran esenciales para la vida, la ciencia empezó a ser fundamental en la nutrición.

Durante el siglo XIX e incluso la mitad del siglo XX, la observación médica y la experimentación animal y bioquímica han ido demostrando la relación causa efecto entre alimentación y salud, sobre todo en lo que respecta a las carencias, es decir, las enfermedades por desnutrición calórica, desnutrición proteica, desnutrición mixta y enfermedades carenciales, es decir, causados por deficiencia de ingesta de alguno de los nutrientes esenciales, vitaminas o minerales. Fue en 1.958 cuando se descubrió la última vitamina: la B12 o cianocobalamina.

Pero, por encima de los problemas carenciales, se ha ido tomando conciencia de la importancia de la alimentación en la prevención de algunas enfermedades. La complementariedad de diversas disciplinas: estudios experimentales en animales, estudios clínicos, bioquímicos, biológicos y epidemiológicos, junto con el análisis de las condiciones culturales, sociales, económicas, agrícolas y tecnológicas de las poblaciones, están permitiendo conocer interesantísimas relaciones entre composición de la dieta, presencia y cantidad de algunos nutrientes (macro o micronutrientes) y de otros elementos contenidos en los alimentos no considerados hasta ahora esenciales, sobre la aparición de enfermedades o la aceleración de fenómenos propios del discurrir de la vida humana, como el envejecimiento.

En esta última década, la eclosión de conocimientos al respecto ha sido muy notable, de manera que ha permitido conocer con mucho más detalle algunas de las relaciones entre alimentación, nutrición y salud. Así pues, mucho más allá del *marasmo*, del *beriberi* o del *escorbuto*, se conocen en este momento apasionantes relaciones entre la ingesta de algunos antioxidantes y la prevención de algunos cánceres, entre la composición de la dieta y la adquisición de una adecuada masa ósea, la influencia de ciertos tipos de fibra en la alimentación sobre la aparición de enfermedades intestinales o neoplásicas, el tipo de grasa y la enfermedad cardiovascular, etc. Es muy probable que este conjunto de conocimientos posibilite en las próximas décadas "vivir más y mejor".

Problemas nutricionales de las sociedades desarrolladas
La producción mundial alimentaria es suficiente para proporcionar una dieta adecuada a todos los habitantes del planeta. Pero a pesar de ello hay notables diferencias entre los países desarrollados y los países en vías de desarrollo en cuanto a la oferta y consumo de alimentos.

En los países pobres, debido al déficit parcial o total de nutrientes por la escasez alimentaria, la malnutrición energético-protéica es la causa más frecuente de hipocrecimiento. Las principales causas de muerte y la patología dominante en dichos países están directamente relacionadas con el consumo de dietas de valor calórico insuficiente y bajo contenido de nutrientes específicos.

Debe recordarse que la malnutrición, con independencia de otros condicionantes, es en la actualidad un problema universal que incide sobre todo en los países pobres y en estratos específicos poblacionales de los países ricos.

La sobrealimentación, característica de los países industrializados o desarrollados, se relaciona actualmente con el incremento de enfermedades cardiovasculares, obesidad, neoplasias, caries e incluso con otras enfermedades que, presentándose en forma de trastornos psicológicos y anomalías del comportamiento ocasionan problemas muy graves de salud, como es el caso de los trastornos del comportamiento alimentario (anorexia nerviosa y bulimia). Todas ellas constituyen las enfermedades de la sociedad de la abundancia.

Relación dieta-salud
Veamos a continuación una serie de enfermedades relacionadas con la dieta.

Enfermedades cardiovasculares
La causa más frecuente de reducción de riego sanguíneo es la *arteriosclerosis*, que consiste en un depósito de lípidos (que puede empezar ya en la infancia), sobre todo colesterol y ésteres de colesterol, en la pared arterial, una infiltración de leucocitos y una hipertrofia e hiperplasia (aumento de número y tamaño) de las fibras musculares lisas de la pared vascular.

Con el tiempo, estas lesiones crecen, se calcifican y se endurecen, con lo que disminuye la luz del vaso arterial afectado comprometiendo así la irrigación del tejido, pudiendo llegar un momento en el que el estrechamiento sea tan importante que aquél tejido no reciba la cantidad de sangre necesaria y muera.

En los países europeos, las enfermedades cardiovasculares siguen siendo la primera causa de muerte, responsables de casi un 50% de la mortalidad total. Desde los años 50, los estudios epidemiológicos vienen demostrando la relación entre dieta, niveles plasmáticos de lípidos y arteriosclerosis.

Los factores más implicados son, por este orden:
- La grasa saturada.
- La grasa total de la dieta.
- El colesterol de la dieta.
- Las calorías totales.
- La fibra dietética.
- Los antioxidantes.

Aunque evidentemente otros factores no dietéticos influyen mucho en la aparición de dicha patología como la hipertensión arterial, la diabetes, el consumo de tabaco, el estrés, etc

Neoplasias
En los países industrializados el cáncer causa el 25% de las muertes y se considera que el 40% de los cánceres en hombres y el 60 % de las mujeres, pueden ser atribuidos a la dieta.

Los cánceres de mama, colon y próstata, son más frecuentes en los países desarrollados. El riesgo de su aparición se ha relacionado fundamentalmente con el consumo de grasa saturada y con el consumo de carne y derivados. Las dietas ricas en frutas frescas y vegetales (fundamentalmente vegetales crudos) son protectoras contra diversas neoplasias de origen epitelial, principalmente las del tracto respiratorio superior y los digestivos. Un 87% de estudios epidemiológicos realizados en las últimas décadas, encuentran una asociación positiva debida quizás a bastantes factores:

- Las frutas y los vegetales contienen sustancias con efecto antitumoral, como son algunas vitaminas, *betacaroteno,* vitamina C, vitamina E, la fibra, algunos minerales como el selenio y otras sustancias como los glucosinolatos, los indoles, los isotiocianatos, los flavonoides, los fenoles, los inhibidores de proteasas y los esteroles. Las propiedades antitumorales de estas sustancias se deben a distintos mecanismos de acción:
  - Detoxificación de enzimas, efecto *antioxidante,*

- Inhibición de formación de *nitrosamina*,
- Fijación y dilución de los *carcinógenos* en el tracto digestivo
- Alteración del metabolismo hormonal, etc.

La ingesta elevada de frutas y verduras, se asocia con menor consumo de grasas, proteínas y otros nutrientes. Las crucíferas (col, coliflor, etc.) están entre los alimentos con un mayor efecto protector ante el cáncer. Las preferencias por estos vegetales pueden estar codificadas genéticamente. Esto podría explicar algo las diferencias individuales que existen en cuanto a la aceptación o rechazo de estos alimentos, así como la distinta prevalencia de los cánceres de origen alimentario.

Diabetes tipo 2

La *diabetes mellitus* tipo 2, o no insulinodependiente, constituye el subtipo más frecuente de diabetes (aproximadamente el 80% de todos los casos) y su prevalencia oscila entre el 3 y el 5% de la población en nuestro entorno.

En los países en vía de desarrollo se está observando un incremento notable de la prevalencia de *diabetes mellitus*, coincidiendo con la rápida modernización y los nuevos estilos de vida.

La relación dieta/diabetes va más allá de la influencia en su aparición, porque una vez contraída la enfermedad, su evolución también se ve condicionada por los hábitos alimentarios

Obesidad

La obesidad representa actualmente un problema de salud en los países desarrollados, o incluso en determinados colectivos de países que están en vías de desarrollo o, en lo que se ha dado en llamar, de economía transicional. La obesidad, independientemente de factores genéticos, se produce como consecuencia de una ingesta calórica excesiva y de inactividad física.

La variedad alimentaria así como la alta densidad energética de los alimentos de que hoy disponemos, hacen que la alimentación actual sea hiper calórica, lo que junto al **gran sedentarismo** de nuestra sociedad facilita enormemente el acumulo de grasa. Es importante promocionar el ejercicio físico para atenuar este efecto.

La obesidad es un factor de riesgo importante para la diabetes, la hipertensión arterial, la *enfermedad coronaria*, la *enfermedad cerebro vascular*, las enfermedades de la vesícula biliar, *gota, artrosis* y algunos tipos de cánceres. La duración y el reparto de la grasa corporal influyen en la presentación de estas enfermedades. El reparto central (*obesidad en forma de manzana* o androide) tiene mucha mayor repercusión sobre la aparición de los trastornos metabólicos y cardiovasculares que la obesidad periférica o ginoide.

Enfermedades esqueléticas

La desmineralización ósea u *osteoporosis* provoca que el hueso sea más susceptible a fracturarse. Esta enfermedad aumenta con la edad, especialmente en mujeres tras la menopausia. Probablemente, el hecho de no haber adquirido una adecuada "masa ósea" en la adolescencia (por ingestas de calcio deficitarias) favorece la osteoporosis a partir de los 40 años.

Los factores relacionados con el desarrollo de la osteoporosis son: La ingesta de calcio y fosfatos, el aporte de vitamina D (a través de la dieta o mediante la exposición solar), el consumo de proteínas y de sodio y el balance calórico total. Otros factores que pueden reducir el riesgo de osteoporosis son el ejercicio físico, el descenso de consumo de tabaco y alcohol y, en algunos casos, el tratamiento hormonal.

La dieta equilibrada. Recomendaciones nutricionales

La nutrición es el conjunto de procesos mediante los cuales el ser vivo utiliza, transforma e incorpora en sus propias estructuras las sustancias que recibe del mundo exterior con el objetivo de obtener energía, construir y reparar las estructuras orgánicas, y regular los procesos metabólicos. Estas sustancias, llamadas nutrientes se encuentran en los alimentos: proteínas, carbohidratos, lípidos, vitaminas, minerales y agua.

El ser humano necesita para vivir energía (calorías), agua, y de unos cuarenta a cincuenta nutrientes: de 8 a 10 aminoácidos esenciales obtenidos de las proteínas, ácidos grasos esenciales, carbohidratos, trece vitaminas y dieciocho elementos de la tabla periódica, además del hidrógeno, carbono, nitrógeno y oxígeno, todo ello obtenido de los alimentos.

Necesidades energéticas

La persona sana mantiene relativamente constante su peso corporal y el estado de las reservas energéticas, en función, principalmente, de su comportamiento alimentario que, si es normal, tiende a ingerir la misma cantidad de energía que gasta. El comportamiento alimentario a su vez depende de un sistema biopsicosocial complejo.

El gasto energético cotidiano es la suma de:

1. El gasto basal de la persona en reposo (1.100-1.600 Kcal para adultos). Son las necesidades calóricas para el mantenimiento de las funciones básicas del organismo.

2. El gasto por actividad. Este se relaciona con el trabajo muscular y es extremadamente variable oscilando entre 500 y 1500 Kcal.

3. El gasto por crecimiento. Oscila entre 100 y 300 Kcal día

4. El gasto energético adaptativo, llamado también termogénesis adaptativa, influido por la alimentación y la genética, pero poco importante desde el punto de vista cuantitativo.

Proteínas

Son los componentes básicos estructurales celulares; constituyen además la mayor parte de los *sistemas enzimáticos, estructuras cromosómicas, sistema inmune* y mecanismos de *comunicación neurohormonal*. Su ingesta en una cantidad mínima es imprescindible para la vida, en la medida en que no podemos sintetizar los aminoácidos llamados esenciales (muchos de los considerados no esenciales lo son en situaciones fisiológicas como crecimiento, vejez..., o ante la presencia de enfermedades). El organismo humano no posee un "reservorio proteico" como tal.

Las necesidades de un adulto sano y sedentario son de aproximadamente 0.8-1 g/kg. de peso y día. Al menos el 50% de las proteínas ingeridas deben ser de origen animal, más ricas en aminoácidos esenciales El resto se debe completar con proteínas de origen vegetal, las cuales presentan la ventaja de ser pobres en grasas saturadas y colesterol (20 g de proteínas se contienen en 100 g de carne = 100 g de pescado = 1 + huevo mediano = 80 g de legumbre en crudo = 100 g de frutos secos = 75 g de pasta = 250 g de arroz = 200 g de pan). La ingesta de proteínas produce mayor saciedad que el del resto de nutrientes (el doble que el consumo de grasas por ejemplo), y en su utilización y metabolismo se "consume" hasta el 34 % de la energía que aporta.

Carbohidratos
La ingesta diaria de hidratos de carbono recomendada a un adulto sano y sedentario es de 3-5 g/kg. de peso y día, es decir unos 200-300 gramos/día. Existen 2 tipos de hidratos de carbono en los alimentos:

■ Simples. Son los monosacáridos y disacáridos de sabor dulce y de rápida absorción intestinal. Los azúcares refinados no deben representar más del 10-15 % del total energético (equivalente a 8-10 terrones de azúcar de 5 g).

■ Polisacáridos. De sabor escasamente dulce y de absorción intestinal más lenta. El almidón es el más abundante.

Lípidos
Grupo heterogéneo de moléculas complejas cuya característica común es la insolubilidad en el agua. Constituyen el nutriente energético por excelencia, pero tienen otras funciones metabólicas y estructurales vitales:

> Vehiculizar ácidos grasos esenciales (linoleico, linolénico y araquidónico) y vitaminas liposolubles.

> Ser precursores de sustancias como las *prostaglandinas, endoperóxidos, prostaciclinas, tromboxanos*, hormonas y sales biliares.

> Ser componentes estructurales de membranas celulares, tejido nervioso, etc.

> Constituir la forma de almacenamiento de energía del organismo. Los lípidos alimentarios principales son los triglicéridos, fosfolípidos y esteroles sobre todo el colesterol, cuya estructura molecular es básica para la síntesis de muchas hormonas. Los triglicéridos, formados por la asociación de glicerol y tres ácidos grasos, son los componentes de las grasas naturales de la dieta.

Los ácidos grasos saturados (sin dobles enlaces) más importantes son: el butírico (8:0), laúrico (12:0), mirístico (14:0), palmítico (16:0) y esteárico (18:0). Todas las grasas de origen animal (manteca, mantequilla, tocino, embutidos, grasa de la carne...) son ricas en ellos, lo que les confiere la consistencia sólida, pero algunas grasas vegetales, como la de coco y palmito también lo son. Mirístico y palmítico son los más aterogénicos (los que más favorecen la arteriosclerosis).

Los ácidos grasos poli insaturados (varios dobles enlaces) de los alimentos pertenecen fundamentalmente a dos series:

a) **Omega 6** (cuando el primer doble enlace está en sexta posición) cuyo principal representante es el ácido linoleico (esencial), que se encuentra en los aceites de semillas (girasol, maíz, etc.). Los dobles enlaces pueden oxidarse ("enranciarse"), y también saturarse en presencia de hidrógeno y un catalizador, cambiando su configuración a la forma trans y adquiriendo la consistencia sólida. Por mecanismo de saturación se obtienen las margarinas.

b) **Omega 3**: los pescados, principalmente los azules (atún, bonito, caballa, sardina, etc.), tienen ácidos grasos poliinsaturados esenciales omega-3 (primer doble enlace en posición 3). Los representantes más abundantes de esta serie son el linolénico (18:3), docosahexaenóico

(22:6) y el eicosapentaenóico (20:5). Son hipotrigliceridemiantes y poseen una acción antiagregante y vasodilatadora. Recientes investigaciones empiezan a cuestionar el excesivo consumo de ácidos grasos poliinsaturados por su acción prooxidativa.

El ácido graso mono insaturado más abundante es el ácido oleico, presente en el aceite de oliva, y en menores cantidades en otros alimentos como el huevo y la carne de cerdo. El aceite de oliva ejerce modificaciones interesantísimas en el perfil lipídico: disminución del *colesterol LDL*, con mantenimiento y/o ascenso del *HDL*, disminución de la oxidabilidad de las partículas lipoproteicas y disminución de la agregabilidad.

Resiste temperaturas más elevadas sin alterar su composición y, en consecuencia es el más indicado para cocinar y sobre todo freír. Actualmente se recomienda el aceite de oliva (preferiblemente virgen) para la prevención de la enfermedad cardiovascular.

Las grasas son un gran motivo de preocupación en la sociedad actual, donde la obesidad y las enfermedades derivadas de la misma (hipertensión arterial, diabetes mellitus, enfermedad cardiovascular, etc.), cada vez son más prevalentes. Las grasas son el nutriente de más rendimiento energético: no sólo son menos saciantes y más "sabrosas", también se pierde sólo un 4 % de las ingeridas, en la termogénesis consumen el 9 % únicamente y el trabajo metabólico para almacenarlas es muy pequeño (4 %).

La dieta saludable
Una dieta saludable se puede definir como aquella que tiene una proporción de alimentos que se ajusta a la distribución contemplada en la dieta equilibrada en términos de nutrientes.

Los alimentos que la integran son aptos para el consumo, desde el punto de vista de la higiene y la seguridad alimentaria, y su forma de preparación y presentación respeta las características psicosociales del grupo concreto de consumidores.

Respecto del total de las calorías, éstas deben ser aportadas porcentualmente en un 50 a un 55% por los hidratos de carbono, en un 30 a un 35% por las grasas y en un 10 a un 15% por las proteínas (no debiendo ser éstas últimas nunca inferior de 0.75 a 1 g por kg. de peso de la persona y día). Las vitaminas y minerales se ajustarán a las características de la persona en función de su sexo, edad y circunstancias fisiológicas especiales, teniendo en cuenta la referencia de las RDA

Diversos estudios sobre la distribución de las calorías a lo largo del día aconsejan que:
- Un 25% de las calorías se tomen en la primera comida del día, es decir en el desayuno.
- Un 30-40% en la comida del mediodía.
- Un 10-15% en la merienda.
- Un 20-30% en la cena.

La dieta mediterránea

Es el mejor modelo de dieta equilibrada. Sus características fundamentales son:

✓ El consumo de ajo, cebolla, tomate y frutos secos típicos del área mediterránea.
✓ Los cereales: pan y otros derivados del trigo, arroz, patatas son alimentos básicos. El consumo de legumbres es elevado
✓ Ingesta abundante de pescado, fruta y verdura.
✓ Un discreto consumo de vino en las comidas. (Sólo en adultos sin contraindicación médica).
✓ Un consumo menor de carne y menos grasas de origen animal que en otras dietas.

Esta dieta reduce la mortalidad cardiovascular de la siguiente manera:

➢ Una disminución del *colesterol-LDL* y de su oxidación mediante la grasa monoinsaturada (aceite de oliva y frutos secos) y los *polifenoles* que contienen las frutas y verduras.

- Una disminución de la coagulabilidad sanguínea debido a la reducción de la actividad del plasminógeno y de la agregación plaquetaria (ácido alfa-linoleico de la nuez y ácidos grasos monoinsaturados).
- Un aumento del *colesterol-HDL* asociado a un consumo discreto de vino.
- Una disminución de la tensión arterial y de los niveles de triglicéridos gracias a los ácidos grasos poliinsaturados de la serie omega-3.
- Un aporte generoso de *antioxidantes* y *fibra dietética*.

Necesidades nutricionales en la vejez

La alimentación es necesaria para cubrir las necesidades energéticas. Estas necesidades son diferentes a lo largo de los distintos periodos de la vida. En la vejez los requerimientos energéticos dependen de la alteración de la actividad física; cambio de peso o la proporción de masa muscular, agua y grasa; presencia de enfermedades, factores ambientales, etc

Las necesidades calóricas, en general, disminuyen con la edad. El trabajo dietético y nutricional que debemos realizar con los ancianos no ha de pretender hacer retroceder el proceso de envejecimiento, pues éste es normal y fisiológico; pero si puede ayudar a impedir que este envejecimiento se acelere y provoque mayor limitación en la calidad de vida de estas personas. Debe evitarse los desequilibrios y las carencias alimentarias, muchas veces como consecuencia de dietas reducidas e incontroladas.

Para un anciano con actividad normal las necesidades calóricas son aproximadamente de 2.200 a 2.400 calorías al día (un poco menos en mujeres), que deben ingerirse repartidas en un 30% de proteínas (más en fases de curación de heridas, quemaduras, úlceras por presión, traumatismos, sepsis) más 20% de lípidos (preferentemente vegetales) más 50-60% de glúcidos (contando siempre con frutas y verduras frescas en abundancia y reduciendo el azúcar solo y la miel).

También debemos tener en cuenta al crear una dieta equilibrada que esos nutrientes han de repartirse de forma proporcional a lo largo de las diversas comidas que se hace cada día. De esta forma obtendremos tanto nutrientes energéticos como no energéticos a lo largo de todo el día.

Elaboración de una dieta
A la hora de elaborar una dieta para personas mayores, debemos tener en cuenta los siguientes puntos:

- ✓ Personalizar el régimen dietético, teniendo en cuenta los gustos y las situaciones individuales (comidas que sean nutritivas, pero agradables de comer y sabrosas).
- ✓ Insistir en la preparación cuidada de los alimentos evitando excesivas sofisticaciones, salsas, condimentos picantes y temperaturas extremas de los alimentos, puesto que todo ello puede dificultar la digestión.
- ✓ Procurar una distribución equilibrada del ritmo y número de las comidas (a intervalos regulares de 4-5 tomas al día) y con "algo caliente" en cada comida.
- ✓ Asegurarse de que sea una dieta equilibrada.
- ✓ No ser extremadamente restrictivo en la dieta; pues, caso contrario, obtendremos hostilidad, alteración del carácter y rechazo a nuestras sugerencias. Si hay patologías debe ser el médico quien indique las restricciones.
- ✓ Si existieran errores dietéticos en su alimentación, razonar con el anciano los motivos y las mejoras, e ir haciendo los cambios paulatinamente.
- ✓ Cuidar el entorno: mesa limpia y amplia, a la altura adecuada y asiento correcto. Utensilios necesarios.
- ✓ Mantener el hecho social de la comida, es decir, hacer que la hora de la comida. siga siendo un momento de relación, de charla, de estar con más gente. Esto estimulará a la persona a no saltarse ninguna comida y nos ayudará a seguir una dieta adecuada; a la vez que nos permitirá fortalecer el entorno social de la persona mayor.
- ✓ Para aquellas personas mayores que sufren algún tipo de patología que les obliga a seguir una dieta especial, podemos

elaborar una dieta similar a la que vamos a exponer más adelante pero eliminando las sustancias que no pueden ingerir (sal, azúcar, leche, etc) o variando la proporción de los nutrientes (y por tanto de los alimentos que los contienen), según las necesidades.

✓ Cabe también reseñar que una dieta equilibrada no ha de ser sinónimo de dieta monótona o poco apetitosa, pues son muchos los alimentos que encontramos en cada grupo y muchas las combinaciones de ellos que podemos y debemos hacer.

✓ Por último, debemos hacer notar que estas necesidades dietéticas se adaptan al prototipo de anciano más habitual, con actividad física moderada, autosuficiente (se asea solo, puede hacer tareas del hogar, puede salir a comprar, etc); ya que si la actividad de la persona está muy aumentada (por ejemplo, juega cada día al tenis) o por el contrario, muy disminuida (anciano encamado), las necesidades nutricionales variarán y lo harán también la cantidad y la calidad de los alimentos necesarios en su dieta.

Dieta tipo para un dependiente sin patología específica

Desayuno
- 250 ml de leche sola o con café o té más 5 gr de azúcar (medio sobre).
- 5 galletas tipo maría.
- 3 cucharaditas de mermelada.

Media mañana
- 150 ml de leche sola o con café, té o malta.

Almuerzo
- 200 gramos de patatas hervidas o en puré, o 50 gramos (pesado en crudo) de arroz, pasta de sopa, fideos o macarrones.
- 150 gramos de carne (ternera, pollo o jamón magro sin grasa).
- 150 gramos de fruta fresca y cruda.
- 50 gramos de pan.

Merienda
- 150 ml de leche sola o con café, té o malta más 5 gramos de azúcar.
- 5 galletas tipo maría.

Cena
- 200 gramos de verduras (judías verdes, acelgas, espinacas, coliflor, alcachofas, lombarda, cardo) o ensalada (lechuga, escarola, pepino, tomate).
- 150 gramos de pescado blanco (dos días de la semana se puede sustituir por dos huevos).
- 50 gramos de pan.
- 150 gramos de fruta fresca y cruda.

Complementos
- Aceite: menos de 3 cucharadas soperas (vegetal, oliva, soja, girasol).
- Agua: en total 1,5 litros y preferentemente fuera de las comidas.
- Vino: 50 ml (un vaso) máximo.
- No bebidas efervescentes (refrescos). No abusar de café, té y otros estimulantes.

¿Cuál es la colocación óptima del discapacitado enfermo para comer?
La posición más deseable para la comida es la "posición sentada"; para ello:
- ✓ El respaldo del sillón debe estar poco inclinado, casi en ángulo recto.
- ✓ Poner un cojín cervical para descansar la cabeza.
- ✓ Poner un cojín bajo los muslos para impedir que la persona resbale hacia delante.
- ✓ Intentar hacer agradable el lugar donde se sientan a comer.

¿Cómo administrar alimentos a problemas con problemas de movilidad en miembros superiores?
- ✓ Poner servilleta.

- ✓ Partir el alimento en trozos pequeños.
- ✓ Dar la comida lentamente con la cuchara o el tenedor.
- ✓ Procurar no llenar la cuchara más de la mitad.
- ✓ Dejar un tiempo entre cada cucharada para no atosigarle.
- ✓ Dar la bebida cuando nos la pida.
- ✓ Pelar la fruta y dársela en trozos pequeños.
- ✓ Retirar la servilleta y limpiarle la boca.

¿Cómo administrar alimentos a personas con problemas de masticación y deglución?

- ✓ Las comidas deben ser dadas en forma de purés.
- ✓ Darla lentamente, esperando entre cada cucharada.
- ✓ Vigilar síntomas de atragantamiento.
- ✓ Echar espesantes si tiene problemas en la deglución de líquidos.
- ✓ Se puede dar con jeringa si tiene problemas para comer con la cuchara.

¿Cómo administrar alimentos a una persona encamada?

- ✓ El cuidador/a debe lavarse las manos.
- ✓ Llevar la bandeja hasta la habitación.
- ✓ Poner a la persona en posición sentada, ayudándonos con almohadas para sujetar la espalda.
- ✓ Colocar la servilleta debajo de la barbilla.
- ✓ Ayudar a lavarse las manos, colocando al lado una palangana con agua templada y una toalla.
- ✓ Partir el alimento en trozos pequeños.
- ✓ Dar la comida lentamente con la cuchara o el tenedor.
- ✓ Procurar no llenar la cuchara más de la mitad.
- ✓ Dejar un tiempo entre cada cucharada para no atosigarle.
- ✓ Dar la bebida cuando nos la pida.
- ✓ Pelar la fruta y dársela en trozos pequeños.
- ✓ Retirar la servilleta.
- ✓ Limpiar la sábana de migas u otros objetos que se hayan podido caer.
- ✓ Quedar en posición de sentado de fowler o de semifowler, durante una hora para facilitar la realización de la digestión.

✓ Si la persona vomita, ponerla en posición decúbito lateral para evitar que realice una aspiración.

La administración de alimentos por sonda naso gástrica
Debemos tener en cuenta lo siguiente:
  ✓ Colocar a la persona en posición sentada y poner una toalla debajo de la barbilla.
  ✓ Primero coger 30 centímetros cúbicos de agua con la jeringa de alimentación haciendo descender el émbolo hasta que salga el agua.
  ✓ Introducir la jeringa en el orificio de la sonda y hacer pasar el agua, para asegurarse de que la sonda está permeable.
  ✓ Coger a continuación el alimento (comida triturada o preparados especiales) y llenar la jeringa.
  ✓ Una vez administrado todo el alimento, se pasan otros 30-50 centímetros cúbicos de agua parta impedir que la sonda se obstruya.
  ✓ Ocluir el extremo de la sonda con una pinza o con un tapón para evitar la regurgitación del alimento.

TEMA 3

HIGIENE ALIMENTARIA

La cadena alimentaria
La cadena alimentaria es el conjunto de "eslabones" por los cuales pasa el alimento. Estos incluyen desde la producción primaria de un alimento hasta que el consumidor lo pone en la mesa de su hogar. Todas las etapas son importantes y en cada una de ellas se deben hacer las cosas bien. Recuerde que la higiene de los alimentos es tanto un derecho como un deber de todos los consumidores, por lo tanto usted también es responsable de los alimentos que adquiere, manipula y consume.

Los establecimientos de venta de alimentos
A la hora de acudir a cualquier establecimiento en los que se expidan alimentos, incluidos bares y restaurantes, es conveniente que se tenga en cuenta los aspectos que estudiaremos a continuación.

El local
Cuando usted acude a un hospital, una de las primeras cosas que observa es la higiene del lugar, ya que muy bien sabe que de ello puede depender su salud. Lo mismo ocurre cuando va a comprar sus alimentos: un lugar sucio y desordenado no puede brindarle garantías sobre la calidad de lo que le ofrece.

Los locales deben estar limpios y ordenados, en los que preferentemente predominen los colores claros. Ausencia de animales dentro del establecimiento. Buena iluminación (luz blanca y no de colores).

¿Qué debe tener en cuenta el personal de un establecimiento de venta de alimentos?
- ✓ Tener las manos limpias, sin heridas (en caso de presentar heridas están deberán estar cubiertas adecuadamente).

- ✓ Estar aseado, con cabello limpio y recogido debajo de una cofia o gorro limpio que impida el contacto del cabello con lo que usted compra.
- ✓ Tener buenos hábitos de trabajo que respete las normas higiénicas-sanitarias (no fumar, no comer, no salivar, mantener un buen estado de salud, etc.).
- ✓ Usar utensilios limpios.
- ✓ Manipulación mínima de los productos durante el cortado, pesado y envasado.
- ✓ En caso de usar guantes estos deben estar limpios y renovarse frecuentemente.
- ✓ El manejo del dinero debe ser hecho por empleados que no manipulen alimentos.

Normas a tener en cuenta respecto a los productos
- ✓ Exposición de los alimentos en estanterías limpias.
- ✓ Nunca sobre el piso ni junto a las paredes.
- ✓ Envases íntegros, limpios, sin abolladuras, roturas ni rajaduras.
- ✓ Con etiquetado correcto y claro.

Con respecto a la temperatura
- ✓ Productos refrigerados y congelados exhibidos en forma ordenada y separados de acuerdo a su tipo: carnes, pollos, pescados, lácteos, fiambres, etc.
- ✓ Productos refrigerados exhibidos a temperaturas entre 0°C y 5°C; y los congelados a no menos de 12°C bajo cero.
- ✓ Controle los termómetros de góndolas.
- ✓ Los alimentos para consumo inmediato deben estar conservados en condiciones adecuadas de frío, calor y en exhibidores que impidan la contaminación.
- ✓ Evitar el consumo de alimentos que se presentan sobre los mostradores sin ningún tipo de protección segura.

Tipos de alimentos y sus cuidados
De acuerdo con las características propias de cada alimento, tales como su actividad de agua, su acidez, su composición química, el proceso de elaboración que ha sufrido, la manera en que se lo ha de

mantener y las condiciones específicas de su consumo, podemos clasificarlos en: Alimentos de alto riesgo y Alimentos de bajo riesgo.

Alimentos de alto riesgo

Los alimentos de alto riesgo son aquellos listos para comer, que, bajo condiciones favorables de temperaturas, tiempo y humedad pueden experimentar el desarrollo de bacterias patógenas (dañinas).

Las características propias de estos alimentos como la forma en que se consumen, (generalmente no sufren un tratamiento posterior, por ej. calentamiento, antes de ser consumidos) hacen que favorezcan el desarrollo bacteriano y/o la aparición de toxinas bacterianas.

Estos alimentos se caracterizan por poseer:
- Alto contenido proteico.
- Alto porcentaje de humedad (agua).
- No ser ácidos.
- Requerir un control estricto de la temperatura de cocción y de conservación.

Dentro de este grupo encontramos:
- Embutidos.
- Huevos.
- Pastas.
- Productos lácteos.
- Salsas.

El riesgo que tienen estos alimentos de sufrir alteraciones o deterioro es alto, por ello se recomienda realizar un manejo cuidadoso de los mismos durante la compra, almacenamiento y elaboración.

Alimentos de bajo riesgo

Son aquellos que permanecen estables a temperatura ambiente y no se echan a perder a menos que su manipulación sea incorrecta. Este grupo comprende alimentos con bajo contenido acuoso, ácidos, conservados por agregado de azúcar y sal. Entre ellos encontramos:
- Pan.
- Galletas.

- Cereales.
- Snacks.
- Azúcar.
- Sal.
- Encurtidos.
- Harinas.

El riesgo de sufrir alteraciones o deterioro es bajo, pero aun así se recomienda realizar un manejo cuidadoso de los mismos, especialmente en el almacenamiento.

Enfermedades transmitidas por alimentos

Las enfermedades de transmisión alimentaria, también conocidas como "toxiinfecciones alimentarias" son aquellas patologías que se producen por la ingestión de alimentos contaminados con agentes biológicos o sus toxinas.

Estos procesos están causados por la ingestión de distintas formas vitales de bacterias, virus o parásitos. Así, la enfermedad puede estar causada por la ingestión de bacterias o virus vehiculados en el alimento (infección), o de toxinas producidas por aquéllas previamente formadas en el alimento (intoxicación), o por formas parasitarias en fases concretas de su ciclo evolutivo (infestación).

Ejemplos de las primeras, infecciones serían la Salmonelosis y la Hepatitis A; de las intoxicaciones por ingestión de toxina preformada, el Botulismo y la gastroenteritis por Enterotoxina Estafilocóccica; y de las parasitosis, la Triquinelosis y la Anisakiasis.

Los procedimientos de control e inspección de procesos y alimentos que se llevan a cabo de manera sistemática han demostrado resultar muy eficaces en la prevención de muchos de estos problemas. Sin embargo, en muchos casos el consumidor es el verdadero artífice de las prácticas correctas de higiene en la fase terminal de la cadena alimentaria.

También resulta de gran importancia que el consumidor, en su opción de compra y en sus hábitos alimentarios contribuya a mantener el nivel y garantías de inocuidad alcanzados en las fases previas de la cadena.

Para ello, puede resultar de utilidad recordar algunos conceptos básicos. Ante todo, no olvidemos que la contaminación microbiana, incluso elevada, no tiene por qué manifestarse en el deterioro del alimento. La apariencia, no basta.

Los microorganismos son seres vivos: se alimentan, se reproducen y se relacionan con su entorno. Necesitan, por tanto, que el alimento que les sirve de vehículo y de hábitat les brinde unas condiciones favorables: disponibilidad de nutrientes, temperatura adecuada, entorno no agresivo (condiciones de acidez, salinidad, humedad).... en tales condiciones, eubióticas, favorables a la vida, si les concedemos el tiempo necesario, se reproducirán, a velocidad inusitada, alcanzando dosis infectantes; producirán toxinas aquellos que son toxigénicos.... en definitiva, convertirán un alimento inocuo en un producto peligroso.

Si las condiciones del medio resultasen adversas, algunos pueden adoptar formas vitales de resistencia, como las esporas o esporos, que germinarán cuando aquéllas mejoren dando lugar a formas infectantes.

Pocas personas saben que los alimentos que consumen todos los días pueden causarle enfermedades conocidas como Enfermedades Transmitidas por Alimentos. Llamadas así porque el alimento actúa como vehículo en la transmisión de organismos patógenos (que nos enferman, dañinos) y sustancias tóxicas. Las enfermedades transmitidas por los alimentos están causadas por la ingestión de alimentos y/o agua contaminados con agentes patógenos.

Las alergias por hipersensibilidad individual a ciertos alimentos no se consideran enfermedades transmitidas por los alimentos, por ejemplo la que experimentan los celiacos con el gluten y las personas intolerantes a la lactosa con la leche.

Tipos de infecciones

Las enfermedades transmitidas por los medicamentos se dividen en dos grandes grupos:
- Infecciones alimentarias.
- Intoxicaciones alimentarias.

Infecciones alimentarias

Son las producidas por la ingestión de alimentos o agua contaminados con agentes infecciosos específicos tales como bacterias, virus, hongos, parásitos, que en el intestino pueden multiplicarse y/o producir toxinas.

Intoxicaciones alimentarias

Son las producidas por la ingestión de toxinas producidas en los tejidos de plantas o animales, o productos metabólicos de microorganismos en los alimentos, o sustancias químicas que se incorporan a ellos de modo accidental o intencional en cualquier momento desde su producción hasta su consumo.

Los síntomas se desarrollan durante 1-7 días e incluyen alguno de los siguientes:
- Dolor de cabeza.
- Náuseas.
- Vómitos.
- Dolor abdominal.
- Diarrea.

Estos síntomas van a variar de acuerdo al tipo de agente responsable así como la cantidad de alimento contaminado que fue consumido.

Para las personas sanas, este tipo de enfermedades son pasajeras, que sólo duran un par de días y sin ningún tipo de complicación. Pero para las personas susceptibles como son los niños, los ancianos, mujeres embarazadas y las personas enfermas pueden llegar a ser muy graves, dejar secuelas o incluso provocar la muerte.

Los agentes responsables de las enfermedades transmitidas por los alimentos son: bacterias y sus toxinas, virus, parásitos, sustancias químicas, metales, tóxicos de origen vegetal y sustancias químicas tóxicas que pueden provenir de herbicidas, plaguicidas, fertilizantes.

Dentro de todas las posibles causas mencionadas, las de origen bacteriano son las más frecuentes de todas. Las bacterias más comunes o que se presentan con mayor frecuencia son:

- Clostridium Perfringens.
- Bacillus Cereus.
- Escherichia Coli.
- Staphilococo Aureus.
- Clostridium Botulinum.
- Shigella.
- Listeria Monocytogenes.
- Campylobacter Jejuni.

Estos microorganismos se encuentran en una gran variedad de alimentos. Especialmente en aquellos conocidos como ALIMENTOS DE ALTO RIESGO.

En algunos casos los alimentos puede que se hallan contaminado durante su producción o recolección, en otros casos el descuido durante la elaboración de alimentos en el hogar así como el uso de utensilios que fueron previamente utilizados para preparar alimentos contaminados pueden llevar a la contaminación cruzada de los alimentos que prepara.

El frio y los alimentos
La refrigeración es uno de los métodos de conservación de alimentos más utilizados en la actualidad. Usted, como la mayoría de las personas, cuenta en su hogar con una nevera. Por ello debe saber cuál es la acción del frío no solo sobre los alimentos sino también sobre las bacterias para poder comprender el importante rol que cumple este factor en la conservación de la calidad e inocuidad de los alimentos y de esta forma sacarle el máximo beneficio a su frigorífico.

La refrigeración utiliza temperaturas que están comprendidas entre los 0°C y los 5°C. Las bacterias se desarrollan y multiplican más rápidamente entre los 5°C y los 60°C. Este rango de temperatura es conocido como zona de peligro

Este es un método temporal de conservación porque retarda el crecimiento y multiplicación de las bacterias tanto patógenas como saprofitas, hongos, levaduras y también retarda las reacciones enzimáticas que ocurren en los alimentos.

Por lo tanto una nevera que opere entre los 0°C y 5°C evitará por medio de estas bajas temperaturas que las bacterias se multipliquen de manera rápida y de esta manera los alimentos mantendrán sus cualidades por un tiempo más prolongado. Para ello es esencial que siempre recuerde chequear la temperatura y el correcto funcionamiento de la nevera

A pesar de la gran variedad de alimentos que usted puede comprar, elaborar o consumir el seguimiento de unas pocas reglas básicas de almacenamiento en frío le servirán no solo para prolongar la vida útil de sus alimentos sino también evitar la contaminación cruzada.

La nevera, los alimentos y sus cuidados
Los alimentos deben refrigerarse tan pronto como sea posible, ya que el frío impide que la mayoría de las bacterias desarrollen y multipliquen.

Hay que evitar la contaminación cruzada no sólo durante la elaboración sino también durante el almacenamiento - nevera -. Es importante mantener los alimentos crudos y sus líquidos lejos de los alimentos de alto riesgo. Para ello es muy importante que sepa cómo debe ubicar correctamente los alimentos en la nevera.

Las bacterias
Las bacterias son microorganismos constituidos por una sola célula. Tal vez usted no los vea, huela o sienta pero están escondidos en todos lados: en el agua, en el aire, en el suelo, sobre y dentro de las personas, en los animales e incluso en su cocina y utensilios con los

cuales prepara la comida. Son tan pequeñas que para verlos es necesario un microscopio.

Algunas son bastante inofensivas, incluso algunas son útiles, como las que se utilizan en la fabricación de queso o yogur. Otras producen la alteración de los alimentos y finalmente existe un grupo de bacterias llamadas son patógenas, es decir, capaces de producir enfermedades.

Para desarrollarse, las bacterias necesitan:
- Temperatura adecuada.
- Nutrientes.
- Humedad.
- Acidez (ph).
- Tiempo suficiente.

Temperatura adecuada

Las bacterias responsables de las (Enfermedades Transmitidas por los Alimentos) tienen una temperatura óptima de crecimiento de 37ºC. Pese a todo, pueden crecer a una velocidad considerable en un rango de temperatura que se halla entre los 5º C Y 65º C.

Fuera de estas temperaturas su capacidad reproductora se ve muy disminuida. A 100ºC (ebullición) las bacterias comienzan a morir y por debajo de 5ºC (refrigeración) su crecimiento es más lento a los 0°C (congelación) quedan en estado latente pero no mueren

Nutrientes

Las bacterias como todos los seres vivos, necesitan alimentarse para poder desarrollarse. Prefieren alimentos con un alto contenido de proteínas y humedad tales como carnes rojas, pollos, pescados o productos lácteos. Estos alimentos se los conoce con el nombre de alimentos de alto riesgo.

Humedad o actividad de agua

La disponibilidad de agua en un alimento es el agua que se encuentra libre en el mismo y es necesaria para que las bacterias se multipliquen. Este agua "no comprometido" con ningún nutriente recibe el nombre de actividad de agua (aw). y se indica con un número que va desde 0 hasta 1.

Cuanto más cercano a cero es ese valor, menos disponible está el agua para las bacterias y mayor tiempo durará el alimento sin deteriorarse. La mayoría de los alimentos frescos tienen valores de actividad de agua cercanos a 1.

ALIMENTO	Actividad de agua
Carne	0,98
Leche	0,99
Harina	0,70
Galletas tipo cracker	0,60

Acidez o ph
El pH de un alimento es la medida de su acidez o alcalinidad (por ej. el jugo de limón es ácido y el bicarbonato de sodio, básico o alcalino). El agua tiene un pH neutro de 7. La mayoría de los alimentos tiene un pH de alrededor de 7 o menos.

La mayoría de las bacterias patógenas (dañinas) crecen en alimentos de pH neutro a alcalino. Por ello cuando el alimento tiene un pH de 7 o mayor es muy susceptible a la contaminación bacteriana. Generalmente, en los alimentos que poseen un pH menor de 4,5 no se desarrollarán bacterias patógenas. El alimento se conserva mejor pero debe tenerse en cuenta que es más susceptible a daños por hongos y/o levaduras. Esto ocurre por ejemplo con los jugos de frutas cítricas.

Tiempo
Algunas bacterias son capaces de multiplicarse por dos en solo 10-20 minutos, si se les proporciona las condiciones óptimas de nutrientes, humedad, Ph y calor.

Si se les da el tiempo suficiente, un número inicial de bacterias pequeño puede multiplicarse a tal punto que pueden llegar a causar una Enfermedad Transmitida por Alimentos.

¿Cómo se reproducen las bacterias?

El proceso por el cual se dividen las bacterias se conoce con el nombre de FISION BINARIA. Este consiste en la división de una bacteria en dos cada 10 a 20 minutos. Una sola bacteria puede llegar a producir 16 millones de Bacterias en solo 8 horas.

Fuentes de Contaminación

A las bacterias las podemos encontrar en todas partes. Puede ser que estén en el aire, en el suelo, en los animales, en el agua e incluso en nuestra piel, ropa y saliva. Los lugares donde comúnmente se encuentran las bacterias se llaman Fuentes de Contaminación.

Es muy importante que usted sepa cuáles son las fuentes de CONTAMINACION donde comúnmente se encuentran las Bacterias para poder proteger de manera más eficiente los alimentos que consume.

¿Cuáles son las fuentes de contaminación más comunes?

- Las personas
- Los residuos
- Los alimentos crudos
- El agua
- Los insectos y roedores
- Los animales domésticos
- El suelo
- El aire

A tener en cuenta

En general la producción de alimentos libres de contaminantes no sólo depende del lugar de su producción sino también de los procesos de elaboración y de las personas que toman contactos con ellos. La contaminación de los mismos puede producirse en cualquier momento desde su cosecha, pasando por la elaboración a nivel industrial, hasta cuando se prepara la comida en el hogar.

¿Cuándo está contaminado un alimento?
Un alimento está contaminado cuando hay en él sustancias extrañas. Estas sustancias extrañas pueden ser de naturaleza:
- Química
- Física
- Biológica

Contaminación química
La contaminación química, se produce cuando el alimento se pone en contacto con sustancias químicas. Esto puede ocurrir durante los procesos de producción, elaboración industrial y/o casera, almacenamiento, envasado, transporte.

Las sustancias involucradas pueden ser plaguicidas, residuos de medicamentos de uso veterinario (antibióticos, hormonas), aditivos en exceso, productos de limpieza, materiales de envasado inadecuados, materiales empleados para el equipamiento y utensilios, etc.

Contaminación física
Consiste en la presencia de cuerpos extraños en el alimento. Estos son en general mezclados accidentalmente con el alimento durante la elaboración. Algunos ejemplos son: vidrios, metales, polvo, hilachas, fibras, pelos, etc.

Contaminación biológica
Puede deberse a la presencia de bacterias, virus, hongos, parásitos. Estos organismos son muy pequeños para ser vistos a simple vista y su peligro radica en que generalmente no alteran de manera visible al alimento.

De este grupo, la contaminación por bacterias patógenas (dañinas), es la causa más común de intoxicación alimentaria.

La fuente más común de bacterias es la persona. Esto se da por una inadecuada higiene personal de aquellas personas que manipulan o venden alimentos.

Contaminación cruzada

La contaminación cruzada se produce cuando microorganismos patógenos (dañinos), generalmente bacterias, son transferidos por medio de alimentos crudos, manos, equipo, utensilios a los alimentos sanos. De acuerdo a como esto sucede la contaminación cruzada se puede producir de dos formas:

- Contaminación cruzada directa.
- Contaminación cruzada indirecta.

La contaminación cruzada directa

Ocurre cuando un alimento contaminado entra en **"Contacto Directo"** con uno que no lo está.

Por lo general se produce:
- Cuando se mezclan alimentos cocidos con crudos en platos que no requieren posterior cocción como ser en ensaladas, platos fríos, tortas con crema, postres, etc.
- Cuando hay una mala ubicación de los alimentos en la nevera. Los alimentos listos para comer toman contacto con los alimentos crudos y se contaminan.

Cruzada indirecta

Es la producida por la transferencia de contaminantes de un alimento a otro a través de las manos, utensilios, equipos, mesadas, tablas de cortar, etc.

Por ejemplo, si con un cuchillo se corta un pollo crudo y con ese mismo cuchillo mal higienizado, se trocea un pollo cocido, los microorganismos que estaban en el pollo crudo, pasarán al pollo cocido y lo contaminarán.

Generalmente ocurre por el uso de utensilios sucios como también por una mala higiene personal de quien manipula o vende los alimentos.

El lavado de las manos
A lo largo del día sus manos entran en contacto con distintas superficies: manijas de puertas, dinero, alimentos, mascotas, etc, existiendo de esta manera la posibilidad de que sus manos se contaminen y por lo tanto, de esta manera, contaminen los alimentos que usted adquiere, elabora y/o consume.

Debe tener siempre en cuenta que sus manos están en continuo contacto con los alimentos que adquiere, elabora y/o consume transformándose de esta forma en el principal vehículo para la transferencia de bacterias patógenas desde lo que usted tocó contaminado (mascotas, alimentos, basura, tierra, etc.) al alimento que va a consumir.

Por ello es fundamental el lavado frecuente de las manos en tiempo y forma correctos, es decir, realizar todos los pasos del lavado de manos en forma correcta, en el tiempo necesario y por supuesto cuando corresponda lavárselas.

Las manos sucias o mal lavadas es uno de los factores más importantes en la transmisión de enfermedades no sólo como de Enfermedades transmitidas por alimentos sino también de otras enfermedades comunes como la gripe.

Las manos suelen ser el principal vehículo en la transmisión de los microorganismos patógenos a los alimentos. El lavado correcto de las manos es un factor fundamental en la prevención de las enfermedades transmitidas por alimentos.

Para prevenir la transmisión de enfermedades a través de sus manos todo lo que tiene que hacer es lavarse las manos de forma correcta y frecuente.

¿Cómo debe lavarse las manos?

El lavado de las manos es un hábito que ya tenemos incorporado y que no le prestamos mucha atención, pero aquellas personas que trabajan en el sector alimenticio, como los aquellas personas que cocinan en sus hogares deben tener presente que ellos pueden ser un factor de la contaminación de los alimentos que manipulan o elaboran. Por ello deben saber que el lavado de las manos de forma correcta es una medida importante para la prevención de estas enfermedades.

Enjuagarse las manos sin más con agua y jabón no sirve. Solo el correcto lavado de manos reducirá a un nivel seguro la carga microbiana de las manos.

Los pasos que deben seguirse para el correcto lavado de las manos
Los pasos que usted debe seguir para el correcto lavado de sus manos son los siguientes:

- ✓ Use agua potable caliente.
- ✓ Mójese las manos con agua caliente y apliquese jabón.
- ✓ Use un cepillo para uñas limpio.
- ✓ Frote sus manos unos veinte segundos y límpiese debajo de las uñas.
- ✓ Enjuáguese muy bien con agua potable.
- ✓ Séquese las manos, preferentemente con una toalla desechable.

Cómo prevenir la contaminación de los alimentos

La contaminación de los alimentos puede producirse en cualquier momento desde la producción primaria como por ejemplo la cosecha, pasando por la elaboración a nivel industrial, e incluso cuando se prepara la comida en el hogar.

Teniendo en cuenta esto último, usted tiene un rol fundamental en la prevención de la contaminación de los alimentos que adquiere así como los que elabora y/o manipula. Siempre tenga presente los siguientes consejos. Estos le ayudarán a prevenir la contaminación de los alimentos.

¿Cuál es la forma correcta de lavar frutas y verduras?

Debido al alto riesgo de contaminación de verduras, hortalizas y frutas, es necesario lavarlas cuidadosamente antes de consumirlas, con el fin de eliminar contaminantes físicos, biológicos y/o químicos que pueden haber quedado entre las hojas de las verduras, en la cáscara y/o rugosidades de frutas y tubérculos. Algunos ejemplos de contaminantes son:

- Tierra.
- Materia fecal de animales.
- Bacterias, virus y parásitos transportados por aguas de riego contaminadas (aguas residuales, por ejemplo).
- Insectos.
- Restos de plaguicidas.
- Abonos.

El procedimiento para lavar las verduras de hoja, cuando se dispone de agua potable, consiste en:

- ✓ Desprender las hojas y eliminar las que estén en mal estado.
- ✓ Lavar las hojas una por una, poniéndolas bajo el chorro de agua. del grifo.
- ✓ Las frutas y tubérculos de consistencia dura (batatas, papas, zanahorias, etc.) en lo posible debe limpiarlos con un cepillo de cerdas finas bajo el chorro de agua del grifo.

Tablas de picar

Cuando pensamos en bacterias patógenas (dañinas) siempre suponemos que las podemos encontrar con más facilidad en el baño. Bueno,... después de todo,... no es tan ilógico.

Para corroborar si la creencia popular es cierta la Universidad de Arizona, Estados Unidos, llevó a cabo un experimento en el cual un grupo de investigadores analizó las mesas, tablas de picar, esponjas y trapos de cocina Para sorpresa de todos comprobaron que no es en el baño sino En la cocina donde se encuentra la mayor cantidad de bacterias patógenas.

Con respecto a las tablas de picar los investigadores llegaron las siguientes conclusiones:

Tablas de madera o tablas de plástico
Esta es la gran duda que tienen muchas personas al momento de adquirir una nueva tabla de picar. Los investigadores encontraron que las tablas de madera al presentar una superficie más porosa y con más ralladuras albergan mayor cantidad de bacterias y por lo tanto son más difíciles de limpiar e higienizar que las tablas de plástico. Esto desde el punto de vista de la inocuidad alimentaria significa que las tablas de picar de madera representan un mayor riesgo.

Por ello recomiendan que a la hora de comprar una tabla nueva, se opte por la de plástico.

La higienización de las tablas
También remarcaron que: "Una vez que las bacterias penetran en una superficie porosa, como la que presenta una tabla de picar de madera, se establecen y allí desarrollan colonias bacterianas que producen un film que las protege del medio externo". Por lo tanto un simple chorro de agua, una simple pasadita de la esponja o un enjuague con detergente diluido no las eliminará.

Para removerlas ante todo hay que poner ganas y energía. El primer paso es rasquetear con una esponja y un buen detergente, luego higienizarla con una solución de lavandina y dejarla secar al aire o secar con toallas de papel.

Cuando higienice las tablas de picar asegúrese que la solución del lavado cubra toda la superficie de la tabla y que actúe por algunos minutos (mínimo 5 minutos). Lo ideal es realizar esta tarea al menos una vez por semana. Otra forma de higienizarlas es en el lavaplatos.
Cuando las tablas tanto de madera como de plástico se "pongan viejas y le cueste limpiar correctamente las ralladuras o cortes de la superficie reemplácelas por una nueva.

Evite la contaminación cruzada

Para evitar la contaminación cruzada se recomienda que utilice en lo posible dos tablas de picar distintas. Una para los alimentos crudos como carnes, pescados y aves y otra para aquellos alimentos que están listos para consumir. (Carnes cocidas, frutas, verduras lavadas, verduras cocidas, etc.).

Para poder diferenciar las tablas puede optar por utilizar tablas de distintos colores o sin son del mismo color las puede identificar de acuerdo con el tipo de alimentos las utiliza (por ejemplo: cinta adhesiva roja colocada en el costado para la que usa con alimentos crudos).

Las "reglas de oro" de la higiene alimentaria

Para evitar la contaminación de los alimentos la Organización Mundial de la Salud (OMS) difundió una serie de sugerencias cuya aplicación cotidiana reduce considerablemente el riesgo de contraer enfermedades de origen alimentario:

- ➤ Escoger alimentos cuyo tratamiento asegure la inocuidad (procurando limpiar la fruta, o las latas antes de abrirlas, etc.).
- ➤ Cocer bien los alimentos.
- ➤ Consumir los alimentos inmediatamente después de su cocción.
- ➤ Conservar adecuadamente los alimentos cocidos.
- ➤ Recalentar bien los alimentos cocidos.
- ➤ Evitar cualquier contacto entre los alimentos crudos y cocidos.
- ➤ Lavarse las manos frecuentemente.
- ➤ Vigilar la limpieza de la cocina, incluyendo en esta limpieza los utensilios o materiales que se utilizan para manejar alimentos.
- ➤ Proteger los alimentos de insectos, roedores así como de otros animales domésticos.
- ➤ Utilizar agua pura y mantener los productos de limpieza que sean tóxicos lejos de los alimentos.

TEMA 4

LA CONSERVACIÓN Y PREPARACIÓN DE ALIMENTOS

¿Cuál es el objetivo de la conservación?
El objetivo de la conservación de alimentos es conseguir el control de las diversas reacciones que, por efectos *físicos* (calor, luz), *químicos* (oxidación) o *biológicos* (enzimas, microorganismos, hongos, bacterias), tienen lugar en los alimentos.

En los alimentos, además, pueden originarse alteraciones *mecánicas* causadas por desgarros y golpes, generalmente producidas en el transporte que afectan a la presentación y vida media del producto; *biológicas* derivadas del ataque de los microorganismos y de las enzimas que deterioran el alimento con modificaciones del sabor, del aspecto y de la consistencia además de provocar pérdidas importantes de su valor nutritivo y *físico-químicas* producidas por efecto de la luz, el aire, el calor y la humedad que actúan sobre el alimento.

Es un problema a considerar el que gran número de productos alimenticios, al desnaturalizarse fácilmente, no permiten su conservación sin que se alteren sus cualidades originales.

Los procedimientos de conservación de alimentos se apoyan en la utilización de:

- ✓ Elevadas temperaturas que destruyen los microorganismos, esterilización, pasteurización.
- ✓ Bajas temperaturas, refrigeración y congelación que impiden el crecimiento de los microorganismos y retrasan los cambios que lo envejecen.
- ✓ Eliminación del contenido en agua, total o parcial: deshidratación, liofilización.
- ✓ Adición de sustancias que modifican el medio interno del alimento, vinagre, limón, azúcar, sal.

✓ Adición de microorganismos útiles que originan fermentaciones protectoras como en el caso del yogur o la cuajada.

✓ Uso de aditivos autorizados con diferentes funciones.

✓ Tratamiento con radiaciones ionizantes mediante procedimientos controlados y autorizados que producen los mismos efectos en los alimentos que la esterilización.

Veamos ahora algunos métodos de conservación:

La conservación mediante frío, que se basa en la detención de los procesos químicos enzimáticos y de proliferación bacteriana que se producen en los alimentos a temperatura ambiente. Esta forma de conservación puede ser:

➤ **Refrigeración**, que somete al alimento a temperaturas entre 0° C y 4°C y posterior congelación a temperaturas de -18°C.).

➤ **Congelación** que permite una conservación del alimento durante periodos más prolongados. La denominada *ultracongelación* es una congelación rápida y es el mejor procedimiento de aplicación del frío pues los cristales de hielo que se forman durante el proceso son de pequeño tamaño y no llegan a lesionar los tejidos del alimento.

La conservación mediante la aplicación del calor persigue como objetivo la destrucción de microorganismos perjudiciales y la inactivación de los enzimas. Dependiendo de la temperatura y el tiempo aplicado se obtienen:

➤ Tratamiento de **pasteurización** que utiliza temperaturas inferiores a 100°C, entre 65° y 75°C, durante un tiempo de 20 a 30 minutos, dejándolo enfriar rápidamente (depende del tipo de líquido) para destruir bacterias patógenas que pudiera contener el líquido alimenticio, alterando así lo menos posible la estructura física y sus elementos bioquímicos y deben después ser conservados bajo condiciones de frío. Por ejemplo en derivados de la leche: la pasteurización a baja temperatura se realiza de 60°C a 70°C durante 30 minutos, y la pasteurización a alta temperatura se hace de 70ºC a 80ºC durante 20/30 segundos.

> Tratamiento de **esterilización**, en el que se aplican temperaturas superiores a 100ºC para eliminar toda actividad microbiana. Los esterilizados no necesitan el frío y tienen una duración aproximada de seis meses. Se ha desarrollado el procedimiento de esterilización UHT que consiste en aplicar elevadas temperaturas durante cortos tiempos para que el mantenimiento de nutrientes en el alimento sea el máximo y las modificaciones de olor y sabor del producto las mínimas. La esterilización de la leche embotellada se hace tras una depuración y filtrado, así como una normalización de su riqueza en grasa (según sea entera, semidesnatada o desnatada), se calienta en un proceso de pre-esterilización a 140 ºC durante unos segundos; se embotella y se esteriliza a 117ºC-120ºC de 17 a 20 minutos.
> Este proceso permite la conservación de la leche en botellas herméticamente cerradas y la preparación de bebidas aromáticas a base de leche.

> La uperización consiste en una esterilización sometida a una corriente de vapor de agua recalentado, manteniendo la leche en una corriente turbulenta, a una temperatura de 150ºC menos de un segundo, consiguiéndose un periodo mayor de conservación que con la pasteurización

Los métodos de conservación por deshidratación tienen como objeto eliminar el agua de los alimentos impidiendo, de esta forma, el crecimiento de microorganismos y la actividad enzimática. Se puede llevar a cabo una deshidratación:

> **Parcial** del producto, obteniendo alimentos líquidos concentrados como en los extractos de carne, leches evaporadas, zumos concentrados, etc.

> **Total,** reduciendo el alimento a polvo lo que permite una mejor conservación: leche en polvo, sopas instantánea, huevo en polvo, café etc.

La liofilización es la desecación de un producto previamente congelado que mediante sublimación del hielo al vacío se consigue una masa seca, más o menos esponjosa, más o menos estable, que se puede disolver a su vez en agua y que se puede almacenar durante más tiempo al no tener humedad remanente. Es un proceso que permite la máxima conservación de la calidad organoléptica de los alimentos así como de su valor nutritivo.

El método de la irradiación todavía suscita cierta alerta y desconfianza en los consumidores. Consiste en la aplicación sobre el alimento de radiaciones ionizantes bajo un estricto control.

Las radiaciones más empleadas son las gammas, obtenidas a partir de la desintegración radioactiva de isótopos de cobalto y cesio. El método es muy eficaz porque prolonga la vida útil de un producto en las mejores condiciones. Existe un símbolo internacional propuesto para identificar, en el etiquetado, los alimentos que han sido sometidos a un proceso de irradiación. Pero el símbolo no aparece en el etiquetado europeo, aunque si debe mencionarse en la etiqueta que el producto o sus ingredientes han sido irradiados.

La conservación de alimentos mediante envasado en atmósferas protectoras se basa en la sustitución de la atmósfera que rodea el alimento por otra preparada específicamente para cada tipo de producto y que inhibe el crecimiento de microorganismos y ejerce un control sobre las reacciones químicas y enzimáticas indeseables.

Actualmente se está aplicando este método extensamente en los denominados productos de cuarta gama (ensaladas y hortalizas troceadas y listas para su preparación y consumo).

Los **métodos de conservación química** están basados en la adición de sustancias que actúan modificando químicamente el producto, por ejemplo disminuyendo el pH.

> ➤ **La salazón** consiste en la adición de cloruro sódico, sal común, que inhibe el crecimiento de los microorganismos, la degradación de los sistemas enzimáticos y, por tanto, la

velocidad de las reacciones químicas. El alimento obtenido tiene modificaciones de color, sabor, aroma y consistencia.

> **La adición de azúcar** cuando se realiza a elevadas concentraciones permite que los alimentos estén protegidos contra la proliferación microbiana y aumenta sus posibilidades de conservación, este proceso se lleva a cabo en la elaboración de leche condensada, mermeladas, frutas escarchadas y compotas.

> **El curado** es un método de gran tradición en nuestro país que utiliza, además de la sal común, sales curantes, nitratos y nitritos potásico y sódico, dichas sustancias deben estar muy controladas por la legislación sanitaria para evitar sus efectos adversos, ya que a partir de ellas se forman nitrosaminas que son cancerígenas y pueden constituir un problema para la salud, sin embargo, el uso de estas sustancias es necesario porque impide el crecimiento del *Clostridium botulinium*, un peligroso microorganismo, además de que sirve para estabilizar el color rojo, sonrosado de las carnes.

> **El ahumado** es un procedimiento que utiliza el humo obtenido de la combustión de materias con bajo contenido en resinas o aromas de humo. El humo actúa como esterilizante y antioxidante y confiere un aroma y sabor peculiar al alimento tratado por este método muy del gusto del consumidor. Este procedimiento suele aplicarse tanto en carnes como en pescados. No debe abusarse del consumo de alimentos tratados por este método porque genera sustancias carcinógenas.

> **La acidificación** es un método basado en la reducción del pH del alimento que impide el desarrollo de los microorganismos. Se lleva a cabo añadiendo al alimento sustancias ácidas como el vinagre.

Los aditivos alimentarios

Los aditivos alimentarios se definen como "aquellas sustancias que pueden ser añadidas intencionadamente a los alimentos y bebidas con el fin de modificar sus caracteres, sus técnicas de elaboración o conservación o para mejorar su adaptación al uso al que son destinados".

Los aditivos alimentarios no tienen como objetivo modificar el valor nutritivo de los alimentos, de tal forma que, por ejemplo, cuando se añade ácido ascórbico a un zumo de fruta con función antioxidante, es decir, para mejorar su conservación, se contempla como aditivo y no como nutriente. Por otra parte, si estas sustancias son eliminadas durante los procesos de transformación o, si son meramente residuales, se consideran auxiliares de fabricación.

Los aditivos alimentarios se diferencian de otros componentes de los alimentos en que se añaden voluntariamente, no pretenden enriquecer el alimento en nutrientes y, solamente, se utilizan para mejorar alguno de los aspectos del alimento, como son el tiempo de conservación, la mejora del sabor, del color, de la textura etc.

La preparación de alimentos

Muchos de los alimentos de uso común no serían comestibles, ni podrían aprovecharse de ellos las sustancias nutritivas, si no se sometieran a los diferentes procesos de preparación y cocción, de ahí la importancia de la preparación culinaria, que debe ser el mayor apoyo de la nutrición puesto que los alimentos mal presentados y preparados, tienen pocas posibilidades de ser aceptados y consumidos, aunque sean excelentes fuentes de nutrientes.

Los gérmenes pueden encontrarse en el alimento procedentes de animales en los que se han reproducido o, debido al proceso de transporte, elaboración o conservación, siendo entonces el propio alimento vehículo de infección.

Los gérmenes requieren para reproducirse las mismas sustancias nutritivas que los animales y el hombre. Por eso, los alimentos, en su mayoría, resultan muy adecuados. Cuanto más nutritivos sean éstos mejor se desarrollan los gérmenes, en especial si se encuentran en ambientes húmedos y cálidos. La temperatura óptima para el crecimiento de la mayoría de los gérmenes nocivos para el hombre oscila entre 20 y 40 grados, es decir la temperatura ambiente. De ahí la importancia de la higiene en el medio donde se manipulan alimentos, en los utensilios con que se preparan y sirven, así como de la propia persona que los maneja.

Una gran mayoría de los alimentos habituales necesitan de la acción del calor para ser comestibles. Los diferentes métodos de preparación (hervido, guisado, la plancha, el horno convencional, los fritos etc.), cuando se aplican sobre los vegetales ablandan la celulosa, coagulan las proteínas, gelatinizan los granos de almidón y disuelven los azúcares y las sales minerales.

La cocción permite que el organismo pueda aprovechar mejor determinados nutrientes, por ejemplo en el huevo solo se absorben un cincuenta por ciento de sus nutrientes al consumirlo crudo pero al cocinarlos se asimilan todos.

Hay alimentos como las verduras y las hortalizas que son muy sensibles a las pérdidas de nutrientes cuando no se les trata convenientemente. Para que una verdura mantenga su valor nutritivo hay que cocinarla en poca agua, durante poco tiempo y con la olla cerrada, de esta forma las pérdidas por oxidación, por tiempos prolongados de cocción o por disolución en el agua serán mínimas.

Los zumos de fruta deberán prepararse y consumirse de inmediato, si es posible, con el fin de procurar la menor pérdida posible de vitamina C. Además se conservarán en frío, en recipiente opaco y tapados pues de esta forma la luz, el oxígeno del aire y las altas temperaturas no los deterioran.

La preparación de carnes pescados y huevos plantea menos problemas, respecto a las pérdidas de nutrientes pues suelen prepararse fritos, a la plancha, a la parrilla y en cocciones rápidas.

El aceite de oliva, grasa habitual en nuestro país para preparar los fritos es la grasa de mejores cualidades nutritivas y culinarias ya que su composición en nutrientes protege de las enfermedades cardiovasculares y, su respuesta a las altas temperaturas, que se alcanzan al freír, es, sin duda alguna, la mejor entre las grasas utilizadas.

En las recientes *Recomendaciones para la prevención del cáncer* se alude a la importancia de elegir adecuadamente los métodos de preparación de alimentos así como la frecuencia de su uso, con el fin de evitar la ingesta de sustancias que contribuyan a la potencial aparición de cánceres de estómago y de colon.

En este sentido, se señala la necesidad de evitar el consumo de alimentos excesivamente tostados al freírlos o asarlos en la plancha, parrilla o barbacoa, o la acción directa del fuego sobre el producto. Se propone el uso de formas de cocinado alternativo como son guisos, cocidos, al vapor y se aconseja evitar la sobre cocción y el requemado de los alimentos.

MÓDULO V

LOS CUIDADORES

TEMA 1

LA ADAPTACIÓN

Introducción
Cuidar en la casa a una persona discapacitada es una tarea difícil y puede volverse a veces agobiante. Cada día trae nuevos desafíos en la medida en que la persona que lo atiende tiene que enfrentarse a los cambios en el nivel de capacidad y en los nuevos patrones de conducta del discapacitado. Las investigaciones han demostrado que las personas que se dedican a esta clase de atención tienen frecuentemente mayor riesgo de sufrir depresión y otras enfermedades, sobre todo si no reciben un apoyo adecuado de la familia, los amigos y la comunidad.

Uno de los mayores problemas que enfrentan las personas dedicadas a estos cuidados es el comportamiento difícil de las personas que están atendiendo. Actividades básicas de la vida diaria tales como bañarse, vestirse o comer frecuentemente se convierte en tareas difíciles de manejar tanto para el discapacitado como para quien la atiende.

Planear las actividades del día puede facilitar las tareas de las personas que se dedican a estos cuidados. Para muchas de estas personas, es necesario utilizar estrategias para el manejo de conductas difíciles y situaciones estresantes.

Fases de adaptación del cuidador/a
A pesar de que las circunstancias que rodean a cada situación de cuidado son distintas y que el proceso de "ajuste" a la nueva situación

varía de un cuidador a otro, se pueden distinguir una serie de fases de adaptación al cuidado que son experimentadas por la mayoría de los cuidadores. No obstante, dada la gran variedad que existe entre las personas, es probable que estas fases no se produzcan en todos los casos.

Fase 1: negación o falta de conciencia del problema

En los primeros momentos del proceso de enfrentarse a la enfermedad crónica de una persona del entorno familiar es frecuente que se utilice la **negación** como un medio para controlar miedos y ansiedades. Así, es común encontrarse con que la persona se niega a aceptar las evidencias de que su familiar padece una enfermedad (o varias) que le lleva a necesitar la ayuda de otras personas para mantener su adaptación al medio. Otra forma de negar el problema es evitar hablar del deterioro o incapacidad del familiar enfermo.

Este estadio es, normalmente, temporal. Conforme el tiempo pasa y las dificultades de la persona enferma para mantener su autonomía funcional se hacen más evidentes, empieza a hacerse cada vez más difícil creer que el paciente está "simplemente distraído" o que se trata de una "enfermedad temporal".

Fase 2: búsqueda de información y surgimiento de sentimientos difíciles

A medida que la persona que proporciona los cuidados va aceptando la realidad de la situación de dependencia, empieza a darse cuenta de que la enfermedad de su familiar no sólo va a influir en la vida de éste, sino que también va a alterar profundamente su propia vida y la de las personas que le rodean.

En esta fase, los cuidadores suelen comenzar a buscar información para aprender lo máximo posible acerca del trastorno o trastornos que sufre su familiar y sobre sus posibles causas. Buscar información es, pues, una estrategia básica de afrontamiento.

En este momento son muy comunes entre los cuidadores los sentimientos de "malestar" por la injusticia que supone el que les haya "tocado" a ellos vivir esa situación. El enfado, o, en su versión más intensa, la ira, son respuestas humanas completamente normales en situaciones de pérdida del control de la propia vida y sus circunstancias. Existen en la vida, desgraciadamente, algunos hechos negativos que son inevitables y que no se pueden cambiar, y son situaciones de este tipo las que típicamente afrontan los cuidadores de personas mayores.

A medida que aumenta la intensidad de la dependencia funcional del familiar enfermo, se incrementa la pérdida de control por parte de los cuidadores, con el consiguiente incremento en frecuencia e intensidad de sus sentimientos de ira, enfado y frustración.

Estos sentimientos son, en estos casos, especialmente difíciles de manejar, debido a que los cuidadores no saben identificar bien cuál es el objeto de su malestar: ¿su familiar mayor necesitado de ayuda, el profesional de la salud hacia el que se vuelve en busca de ayuda, los demás familiares que permanecen algo más alejados o menos implicados en la situación? Las consecuencias más frecuentes de esta "cólera sin objeto" son los sentimientos de culpa.

Sobrellevar los sentimientos de ira y de culpa sin tener medios adecuados para expresarlos puede ser muy destructivo para la persona. Es aconsejable que la persona que cuida *"tome conciencia"* de estos sentimientos y pueda hablar de ellos de manera clara y sincera con alguna persona de su confianza.

Fase 3: reorganización
Conforme pasa el tiempo, los sentimientos de ira y enfado pueden continuar. Una relación esencial para la persona- una esposa, un padre o una madre- "se ha perdido". La vida ha perdido el sentido habitual hasta ese momento y las nuevas responsabilidades crean una carga pesada para la persona que cuida.

Sin embargo, algo de control se va ganando en esta etapa. Contando ya con la información y recursos externos de ayuda, con la voluntad de la familia para compartir la responsabilidad y con una idea más precisa de los problemas a los que hay que enfrentarse, la persona que cuida dispondrá de las herramientas necesarias para afrontar adecuadamente la situación del cuidado. Este período de reorganización tendrá como resultado el desarrollo de un patrón de vida más normal. La persona que proporciona los cuidados se sentirá progresivamente con más control sobre la situación y aceptará mejor estos cambios en su vida.

Fase 4: resolución
Con ese aumento del control sobre su situación y el reconocimiento de que como cuidador/a será capaz de manejar y sobrellevar los cambios y desafíos que supone y supondrá la situación de cuidado, surge un nuevo período de adaptación que, desgraciadamente, no es alcanzado por todos los cuidadores. En este estadio del cuidado, los cuidadores son más capaces de manejar con éxito las demandas de la situación, siendo más diestros en la expresión de sus emociones, especialmente la tristeza y la pena.

En este punto, los cuidadores ...

✓ Aprenden a cuidar mejor de sí mismos
✓ Están más dispuestos a buscar la ayuda de otras personas con experiencias similares
✓ Suelen hacerse, en esta fase, más independientes, dedicando más tiempo a realizar actividades recreativas y sociales
✓ Pueden buscar y encontrar otras fuentes de apoyo emocional, tales como reforzar las amistades o crear nuevos amigos

¿Cuándo es dependiente una persona?
Cuando presenta una pérdida más o menos importante de su autonomía funcional y necesita de la ayuda de otras personas para poder desenvolverse en su vida diaria.

¿Cuáles son las causas de la dependencia?
- Factores físicos.
- Factores psicológicos.
- Factores contextuales.

La autonomía y la autoestima

Los factores contextuales como el ambiente físico en el que vive la persona dependiente o las actitudes y la forma de actuar de los familiares y otras personas cercanas ante el deterioro de la salud de la persona también tienen una gran influencia sobre el grado de autoestima e independencia que ésta muestra.

¿Cómo se estimula la autoestima?

- ✓ Acondicionando el entorno.
- ✓ Evitando ayudas innecesarias.
- ✓ Preparando actividades que faciliten la autonomía.
- ✓ Fomentando el trato que favorezca la autonomía.
- ✓ Observando los comportamientos que favorezcan la autonomía.
- ✓ Premiando la autonomía.
- ✓ Reaccionando ante las objeciones y dificultades de la persona dependiente.
- ✓ Potenciando la autoestima del entorno familiar.

Cuestionario para promover la autoestima

A la hora de promover la autoestima en el baño, el vestido, la alimentación y el nivel de actividad en general, debe poder responder afirmativamente a las siguientes cuestiones:

- ➤ ¿Es el entorno físico adecuado para que realice la actividad?
- ➤ Se realiza la actividad respetando la rutina habitual para que la persona dependiente pueda anticiparla?
- ➤ ¿Se tiene en cuenta su opinión en los cambios en su vida cotidiana?
- ➤ ¿Se conoce qué es lo que puede hacer la persona dependiente sin ayuda o con ayuda mínima?
- ➤ ¿Está haciendo sin ayuda todo lo que puede hacer por sí misma?
- ➤ ¿Se le está dando sólo la ayuda necesaria cuando la necesita?
- ➤ ¿Se le está animando a realizar todos los comportamientos que implican autonomía?

Gravedad de la enfermedad y trastornos del comportamiento

Numerosos trabajos no encuentran relación entre severidad de la enfermedad y los niveles de estrés de los familiares y encuentran que el nivel cognitivo del paciente se relacionaba más con el impacto que con la sobrecarga. El concepto de "sobrecarga" hace referencia a la vivencia subjetiva de los cuidadores y el concepto de "impacto" es más objetivo, y hace referencia que comprende las modificaciones de la vida diaria del cuidador como consecuencia de los cuidados.

Algunos autores han informado de la asociación de la gravedad de la enfermedad con la salud y bienestar de los cuidadores sólo se producía si la progresión de la enfermedad conllevaba determinadas consecuencias en la vida del cuidador. Vivir en el mismo domicilio y la prolongación de la necesidad de cuidados, potenciaban la gravedad de la enfermedad, con mayor afectación en la salud de los cuidadores.

La presencia de trastornos de la conducta se asocia de forma inversa con el estado de salud del cuidador. Son muy importantes los servicios de día para disminuir la sobrecarga de los familiares. La sobrecarga del cuidador se asocia más con la gravedad de los trastornos del comportamiento que con el deterioro cognitivo.

¿Qué se entiende por comportamientos problemáticos?

Todas aquellas alteraciones del comportamiento que pueden presentarse durante la experiencia de cuidado y que, por un motivo o por otro, pueden suponer una dificultad, un riesgo o peligro tanto para la persona que recibe los cuidados como para la que cuida.

¿Cuáles son las causas de estos comportamientos?
- Enfermedad o dolor.
- Problemas sensoriales (falta de visión o audición)
- Efectos secundarios de alguna medicación.
- Problemas psicológicos (ansiedad, depresión)
- Sentimientos de malestar o frustración.
- Ambiente (infra estimulación o sobre estimulación)

- Factores sociales: tratar a las personas como si fuesen niños, sordos, incapaces, etc.
- Incapacidad de expresar sentimientos y necesidades que no pueden ser verbalizados adecuadamente.
- Exceso de incapacidad.

Tipos de comportamientos problemáticos
- Deambulación.
- Incontinencia.
- Enfado y agresividad.
- Problemas de sueño.
- Aislamiento y tristeza.

¿Qué hacer para prevenir y reducir la agresividad?
- ✓ No utilizar la medicación como primera medida.
- ✓ Consultar con el médico.
- ✓ Fomentar la independencia.
- ✓ Mantener rutinas en la vida diaria.
- ✓ Plantear objetivos realistas.
- ✓ Realizar ejercicio.
- ✓ Atender a las expresiones no verbales.
- ✓ Ignorar la agresividad.
- ✓ Premiar la amabilidad.

¿Qué acciones no son aconsejables?
- ✓ Reacciones impulsivas.
- ✓ Enfrentamientos.
- ✓ Gritar.
- ✓ Contactos imprevistos.
- ✓ Sentimientos de alarma.
- ✓ Ayudas múltiples.
- ✓ Provocaciones.
- ✓ Restricciones físicas.

Tipo de relación
Se ha encontrado una relación inversa entre la proximidad de la relación y el grado de estrés, siendo la tensión emocional menor en los hijos que en los esposos y en los cuidadores no familiares que en

los familiares. Los familiares de primer grado tienen mayor probabilidad de padecer depresión que los amigos o familiares más lejanos.

En general, los hombres asumen el papel de cuidadores sólo en ausencia de una mujer disponible. Este hecho se ha explicado por la tradicional asunción de tareas de cuidado por parte de las mujeres, mayor lazo emocional con la familia de origen y la mayor flexibilidad a la hora de disponer de tiempo libre.

La implicación emocional de las mujeres suele ser mayor, mayor también de los niveles de sobrecarga o de síntomas psiquiátricos, al menos al principio del diagnóstico.

Estilo cognitivo y mecanismos de afrontamiento
Se considera más probable que los cuidadores sufran depresión y ansiedad si tienen la sensación de tener poco control sobre la conducta de sus familiares enfermos y sobre sus reacciones emocionales. La percepción que tiene el cuidador sobre la efectividad de su estrategia en el cuidado, influye en su autoestima y su salud mental.

Se realizó un estudio que analizaba la relación entre la personalidad y las estrategias de afrontamiento de 50 cuidadores, esposas de ancianos con demencia. Solamente el neuroticismo y la extroversión se consideraron como predictores de estrategias de comportamiento. Se encontraron diferentes estrategias:

Neuroticismo:
- Estrategias centradas en las emociones.
- Menos frecuencia de estrategias centradas en las emociones.
- Experimentan más sobrecarga y manifiestan más quejas sobre su estado de salud.

Extroversión:
- Estrategias de búsqueda de apoyo social.
- Menor frecuencia de estrategias centradas en las emociones.

La utilidad de los recursos sociales

Conocer las necesidades de los familiares de ancianos con demencias ha hecho que se desarrollaran programas asistenciales dirigidos a apoyarles en su labor. Estos programas deben tener como objetivos fundamentales la reducción de la sobrecarga y el aumentar el tiempo libre disponible para el cuidador.

TEMA 2

LA ACTUACIÓN ANTE DISTINTAS PATOLOGÍAS

Pacientes con insuficiencia cardíaca

- ✓ Procurar la estabilidad emocional, evitando sobresaltos o disgustos que aceleren la frecuencia cardiaca o suban la tensión arterial.
- ✓ Mantener al paciente en posición sedentaria (en una cama o una silla) con la finalidad de aliviar el trabajo cardíaco.
- ✓ Mantener el hábitat del paciente a una temperatura constante o con mínimas variaciones para que no aumente el trabajo cardíaco.
- ✓ Vigilar que no se agrave la sintomatología inicial del paciente, en cuyo caso se avisará al médico o al enfermero.
- ✓ Evitar la toma de alimentos precocinados, en conserva y embutidos, por desconocer la cantidad de sal que llevan.
- ✓ Procurar un ritmo de sueño regular respetando los horarios.

Pacientes con angina de pecho o infarto

- ✓ Procurar un hábitat tranquilo y confortable, evitando emociones fuertes y sobresaltos.
- ✓ No realizar ejercicios intensos, procurando una actividad física progresiva.
- ✓ Evitar tomar alimentos precocinados, embutidos o en conserva por desconocer la cantidad de sal que llevan.
- ✓ Procurar un ritmo de sueño regular, respetando los horarios.
- ✓ Intentar no sufrir cambios bruscos de temperatura.

Pacientes con arritmias

Mantener un estilo de vida acorde con el tipo de arritmia, procurando:

- ✓ Una vida ordenada, sin prisas.
- ✓ Evitar esfuerzos físicos intensos y emociones fuertes.
- ✓ Procurar un ritmo de sueño regular.

✓ Evitar comidas copiosas y alimentos y medicamentos estimulantes de la frecuencia cardiaca.

Pacientes con hipertensión arterial
✓ Evitar el sedentarismo, procurando ejercicio físico y moderado.
✓ No realizar comidas copiosas y ricas en colesterol.
✓ Procurar una vida metódica y ordenada.
✓ Eludir situaciones ambientales estresantes.
✓ Evitar fumar.

Pacientes con prótesis dental total o parcial
Hay muchos dependientes que no prestan las medidas higiénicas mínimas que son necesarias para la limpieza de las dentaduras postizas creyendo que son para toda la vida. Nada más lejos de eso. Una dentadura sucia y en malas condiciones es generadora y vehículo transmisor de enfermedades infecciosas en la cavidad bucal.

Se debe insistir en mantener la dentadura limpia y en buenas condiciones. Para ello, indicamos a continuación unas normas mínimas:
✓ Cepillar la prótesis dental después de cada comida y antes de acostarse. Para ello se utilizará un cepillo de cerdas duras y pasta dental, teniendo en cuenta que algunos dentífricos pueden decolorar las dentaduras fabricadas con material plástico.
✓ Enjuagar la boca después de cada comida.
✓ Quitar la dentadura durante la noche y sumergirla en un recipiente tapado que contenga agua con esencia de menta, zumo de limón o algún producto comercial al efecto. El contenido del recipiente debe ser cambiado diariamente.
✓ Eliminar las incrustaciones y manchas a intervalos regulares (una vez por semana o mayor frecuencia si fuera necesario), sumergiendo la dentadura en vinagre blanco durante toda una noche.

Pacientes con halitosis (mal aliento)
- ✓ Mantener una buena higiene dental (cepillado después de cada comida)
- ✓ Utilizar un enjuague con agua limonada o agua oxigenada después del cepillado.
- ✓ Enjuagues frecuentes con agua tibia.
- ✓ Aumentar el consumo de líquidos.
- ✓ Administrar bebidas carbónicas sin azúcar en pequeñas dosis y siempre que no exista contraindicación médica.
- ✓ Aumentar la humedad ambiental.

Pacientes con hernia de hiato
- ✓ Evitar que el dependiente se acueste una vez finalizada la toma de alimentos. Deberá esperar al menos una hora para que el estómago se vaya vaciando.
- ✓ Levantar la cabecera de la cama unos 15 centímetros.
- ✓ Evitar las comidas en la cama a menos que sea imprescindible o el anciano tenga alguna contraindicación médica que le impida salir de la misma. En estos casos se deberá colocar al paciente con la cabecera de la cama levantada unos 15 centímetros.
- ✓ Evitar el aumento de la presión intraabdominal sugiriendo el uso de prendas amplias y restringiendo el uso de fajas y corsés.
- ✓ Prevenir el estreñimiento.
- ✓ Proporcionar varias comidas de poca cantidad. Comer despacio, masticando bien los alimentos para que se forme un buen bolo alimenticio

Pacientes con enfermedad diverticular del colon
- ✓ Aplicar bolsas de hielo sobre el abdomen, si el dolor es fuerte, esperando órdenes médicas.
- ✓ Administrar dieta rica en fibra y alto contenido en residuos y líquidos por prescripción facultativa y bajo supervisión de enfermería.
- ✓ Proporcionar supositorios de glicerina, por orden médica y supervisión de enfermería, cada dos días si no existiera deposición.

- ✓ Evitar el uso de enemas muy repetidos para prevenir la irritación del intestino.
- ✓ Vigilar una posible deshidratación.
- ✓ Pesar cada dos semanas.

Pacientes con hemorroides

- ✓ Tener en cuenta las veces que aparece sangre en las heces.
- ✓ Proporcionar un flotador para cuando esté sentado.
- ✓ Lavar cuidadosamente la zona anal y secar con un paño suave y seco sin restregar.
- ✓ Usar inicialmente bolsas de hielo para reducir el edema (de 15 a 20 minutos) y luego hacer baños de asiento para calmar el dolor y favorecer la circulación.
- ✓ Evitar tactos rectales que agravan el dolor.
- ✓ Prevenir el estreñimiento proporcionando una dieta con bastante líquido, mucha fibra y hacer ejercicio físico.

Pacientes con estreñimiento

- ✓ Favorecer el ejercicio físico.
- ✓ Aportar suficiente agua.
- ✓ Proporcionar una dieta rica en fibras vegetales.
- ✓ Sentarlo en el inodoro después del desayuno y del almuerzo.
- ✓ Procurar que cuando esté en el aseo siga conservando su intimidad.
- ✓ No acelerar a la persona en su deposición.

Pacientes con enfermedades respiratorias

- ✓ Vigilar que la eliminación de polvo de la habitación, sala de estar, etc donde se encuentre el anciano sea la correcta, procurando que la eliminación no consista en esparcirlo más. Esto se evita con la utilización de gamuzas húmedas y aspiradora.
- ✓ Airear la habitación abriendo ventanas y favoreciendo la penetración de la luz solar.
- ✓ Procurar una temperatura y humedad adecuada y constante en el lugar donde se encuentre el anciano. Con ello se evitará que se sequen las secreciones dificultando su eliminación.

- ✓ Vigilar la limpieza de las fosas nasales, procurando que estén húmedas y permeables. El aire excesivamente caliente y seco (calefacción muy elevada en invierno) reseca la mucosa nasal, adhiere las secreciones a la misma y dificulta el paso del aire.
- ✓ Evitar los atragantamientos en la alimentación.
- ✓ En caso de dificultad respiratoria (bronquitis, asma, neumonía, etc), se estimulará al anciano para que realice ejercicios respiratorios y para favorecer la expectoración.
- ✓ Realizar cambios posturales.

Pacientes con disfunción sexual
- ✓ Realizar una valoración completa, tanto física y sexual como psicosocial.
- ✓ Ver qué percepción mantiene el sujeto respecto a su problemática.
- ✓ Valorar conjuntamente con el paciente las formas de alcanzar satisfacción sexual, considerando los efectos del problema de salud sobre la disfunción sexual.
- ✓ Valorar los métodos alternativos para el normal desarrollo del papel sexual.
- ✓ Explorar los patrones de comunicación y relación presentes.
- ✓ Aconsejarle la abierta comunicación del paciente con su pareja.

Pacientes con úlceras de presión
Las medidas preventivas para este tipo de pacientes irán encaminadas a:
- ✓ Combatir los efectos de la presión.
- ✓ Mejorar la circulación sanguínea de la zona comprimida.
- ✓ Mantener la higiene y el aseo de la piel.
- ✓ Proporcionar una alimentación adecuada.
- ✓ Mantener una adecuada hidratación.

La actuación en los trastornos de ansiedad
- ✓ Valorar el nivel de ansiedad y, en caso de gravedad, avisar al enfermero/a o al médico/a.
- ✓ Proporcionar al paciente seguridad y bienestar.

✓ Una vez que se haya conseguido que el paciente se encuentre más tranquilo, ayudarle a tomar conciencia de su ansiedad para comenzar a resolver el problema.
✓ Reducir las estrategias problemáticas intentando cambiarlas por otras más funcionales.

La actuación en los trastornos depresivos
✓ Evitar que se autolesione o suicide.
✓ Mantener un buen funcionamiento biológico.
✓ Estimularle a mantener una adecuada higiene personal.
✓ Promover su expresión verbal y no verbal d los sentimientos.
✓ Reconducir la posible hostilidad de forma segura e idónea.
✓ Orientarle hacia la realidad.
✓ Recuperar e incrementar su nivel de autoestima.
✓ Cumplir correctamente la pauta terapéutica.
✓ Facilitar el restablecimiento de relaciones socio familiares.
✓ Ayudarle en la elaboración de planes futuros.
✓ Promover y reforzar la actividad diaria.
✓ Facilitar y orientar su soporte emocional.
✓ Monitorizar los tratamientos psicofarmacológicos y los controles hematológicos periódicos.
✓ Mejorar el nivel de comprensión de las características de la enfermedad por parte del paciente y de la familia.

Para conseguir estos objetivos, se debe establecer un plan de cuidados, consistente en:
✓ Establecer un espacio seguro y tranquilo, con el fin de evitar riesgos de autolesiones.
✓ Asegurar la ingesta de líquidos y otros nutrientes, teniendo en cuenta, si es posible, las preferencias del paciente.
✓ Llevar a cabo un registro diario de todas las ingestas y eliminaciones.
✓ Programar una adecuada actividad diurna para conseguir un sueño reparador nocturno.
✓ Limitar la ingesta de café, te, etc.
✓ Facilitar el nivel de comunicación asegurando una buena imagen.
✓ Gratificar sistemáticamente cualquier progreso habido.

✓ Facilitar la incorporación a las actividades grupales.

La actuación en los trastornos psicóticos
✓ Asumir las necesidades físicas del paciente hasta que sea capaz de realizar su auto cuidado.
✓ Retirar objetos dañinos de su entorno.
✓ Asegurar la tranquilidad del enfermo y establecer una relación de confianza.
✓ Ayudar al paciente a expresar sentimientos.

Es también deber del cuidador/a el control y administración de la medicación, así como el conocimiento de los efectos secundarios de ésta. Estableciendo planes de cuidados para diagnósticos concretos.

La actuación con los enfermos de alzhéimer

Con respecto a la comunicación
La enfermedad de Alzheimer deteriora de manera progresiva la capacidad de utilizar y comprender el lenguaje, produciendo una pérdida constante de vocabulario.Tratar de comunicarse con una persona que sufre de la enfermedad de Alzheimer puede convertirse en un reto. Comprender y ser entendido puede ser muy difícil.

Recomendaciones:
✓ Hacer coincidir la comunicación verbal y no verbal.
✓ Transmitir sensación de seguridad.
✓ Hablar de forma suave y pausada
✓ Gesticular poco a poco.
✓ No poner nerviosa a la persona.

El enfermo de Alzheimer es muy sensible al interpretar el estado de ánimo de los demás y su estado de se ve muy afectado por el estado de humor de las personas que le rodean. Por ello es conveniente tener en cuenta lo siguiente:
✓ Tener un contacto físico directo amable y cariñoso con él le transmite seguridad.
✓ Adecuar el lenguaje a las constantes y cambiantes limitaciones que la enfermedad impone.

- ✓ Los comentarios realizados con sentido del humor suelen ser más eficaces que el uso de imperativos.
- ✓ Aunque la capacidad de entender y seguir las conversaciones haya disminuido, es importante incluir al enfermo y que él, de alguna manera, pueda participar.
- ✓ Ante cuestiones o preguntas sin sentido, evite la discusión; es mejor cambiar de tema o seguirle la corriente.
- ✓ Hablar en sitios donde no haya demasiadas distracciones ni ruido de fondo.
- ✓ Utilizar frases cortas y concretas.
- ✓ Vocabulario sencillo.
- ✓ Déjele tiempo para pensar.
- ✓ Intentar enseñarle visualmente lo que le quiere decir.
- ✓ Poner atención al tono emocional con que habla.
- ✓ Mantener la calma y ser pacientes.
- ✓ No discutir ni dar órdenes.
- ✓ Es mejor decirle las cosas en positivo que en negativo.
- ✓ No haga preguntas directas que requieran buena memoria para responderlas.
- ✓ Escoja palabras sencillas, frases cortas y utilice un tono de voz amable y tranquilo.
- ✓ Evite hablarle a la persona que sufre de la enfermedad de Alzheimer como si fuera un bebé o hablar de ella como si no estuviera allí.
- ✓ Reducir las distracciones y los ruidos - como la televisión o la radio - ayudan a la persona a concentrarse en lo que usted le está diciendo.
- ✓ Llame a la persona por su nombre, asegurándose antes de hablar que ella le esté prestando atención.
- ✓ Permítale que se tome el tiempo suficiente para responder. Tenga cuidado de no interrumpirle.
- ✓ Si la persona con la enfermedad de Alzheimer está esforzándose para encontrar una palabra o comunicar un pensamiento, trate amablemente de proporcionarle la palabra que está buscando.
- ✓ Trate de presentar las preguntas e instrucciones de una manera positiva.

Con respecto al hogar

La preocupación por una persona querida afectada por la enfermedad de Alzheimer puede ser uno de los desafíos más grandes por el que una familia puede pasar. Hasta hace poco, la información sobre cómo convivir con un enfermo de Alzheimer en su casa ha sido muy escasa.

Vamos a intentar proporcionar la información básica necesaria para ayudar a modificar el hogar para cuidar a una persona con Alzheimer. El propósito es facilitar la información necesaria para crear un ambiente más seguro y acogedor.

La enfermedad de Alzheimer afecta al cerebro y su capacidad de procesar la información. Cada caso es distinto. Usted no debería esperar razonamientos lógicos de una persona que pierde su capacidad de pensar y razonar. No hay ninguna regla y cada sugerencia debe ser revisada en detalle según su situación, necesidad y la capacidad de su familiar.

Ya que cada persona experimenta el Alzheimer de manera diferente, los esfuerzos de hoy podrían no ser válidos mañana. Las decisiones que son eficaces un día pueden no serlo al siguiente. Las medidas de seguridad a prueba de niños son prácticas, pero recuerde que han sido diseñadas para niños, no destinadas a adultos. La persona encargada del cuidado del enfermo debe analizar constantemente su trabajo y adaptarlo a las nuevas necesidades que surjan.

Las modificaciones que se realicen en el hogar tienen que garantizar que todos los familiares estén seguros y cómodos. Esto incluye a la persona con Alzheimer, el cuidador, el resto de la familia y demás personas que le visiten. Ante todo en la casa hay que:

> **Evitar las caídas**
> Para ello deberá tenerse en cuenta lo siguiente:

- Eliminar alfombras, o felpudos: quitarlos o fijarlos al suelo sobre todo en el cuarto de baño y en su dormitorio.

- Cables eléctricos: acortar los cables eléctricos para que no arrastren por el suelo.
- Muebles con picos sobresalientes o con cristales: eliminarlos o acolchar los salientes que puedan herir al enfermo.
- Sillas: eliminar las sillas inseguras o aquellas de las que sea difícil levantarse.
- Pasillos: quitar todos los obstáculos que puedan dificultar la circulación: sillas, armarios... sobre todo para evitar caídas nocturnas.
- Escaleras: si existe una escalera en el domicilio, tomar la precaución de fijar bandas antideslizantes sobre el borde de los escalones. Poner una barrera al principio o al final de la escalera para impedir el paso al hueco de la misma.
- Alumbrado: asegurarse de que las habitaciones tengan una buena iluminación durante el día y que algunas de ellas estén equipadas de lámparas durante la noche.

> **Evitar los accidentes**

Para ello, deberá guardarse bajo llave:

- Aparatos electrodomésticos: batidoras, secador, tostador...
- Cerillas y mecheros.
- Llaves de automóvil: no dejarlas nunca a mano.
- Productos tóxicos o peligrosos: lejías detergentes, pinturas, disolventes, insecticidas, medicamentos

Además:

- Quitar los cerrojos interiores de manera que el enfermo no pueda encerrarse.
- Las puertas que den al exterior y las ventanas deberán estar provistas de un dispositivo de seguridad que impidan al enfermo abrirlas sin ayuda.
- No dejarle coger pequeños objetos (botones, agujas...) que pueda tragar.

- Los radiadores deben estar provistos de una rejilla de protección, o sus llaves bloqueadas en una posición intermedia que evite que el familiar pueda quemarse. A menudo, no se da cuenta del calor, lo que puede ocasionarle quemaduras graves. Con el mismo fin, se tendrá cuidado en: Regular el calentador del agua a una temperatura determinada, para evitar el agua demasiado caliente.

> **Organizar el espacio donde vive**
- El espacio donde vive no debe estar sobrecargado de muebles, objetos o adornos. Simplificar las cosas de manera que deje espacio por donde pueda andar libremente de un lado a otro sin tropezar y sin tirar las cosas.
- Evitar el ruido y la confusión: Apagar la radio o la televisión cuando se acabe la emisión. Evitar la música estruendosa, pero respetando los gustos del enfermo. No sirve de nada aburrirle con música clásica si nunca le ha gustado.
- Quitar o cubrir los espejos. Al verse, puede no reconocerse y pensar que se trata de un extraño. Su miedo y angustia se acrecentarán.
- Conservar sólo los objetos de uso cotidiano y **siempre en el mismo sitio**. El desorden no hace más que aumentar su confusión.
- Colocar un reloj grande en la pared, así como un calendario de gran formato donde poder marcar los días.
- Señalar los recorridos.
- Utilizar carteles con dibujos sencillos para recordarle donde se encuentran las cosas.

> **Arreglar su dormitorio.**
En su habitación, la organización debe ser tan sencilla como sea posible para facilitarle la vida. Para ello, es conveniente:
- Quitar todos los adornos, revistas, objetos que sean susceptibles de distraerle.

- Fijar la lámpara de la mesilla de manera que pueda encenderla y apagarla sin tirarla.
- Rehacer su armario basándose en:
- Guardar solamente la ropa indispensable. Evitarle tener que elegir. Escoja por él.
- Seleccionar la ropa que sea fácil de poner y quitar; con cierres de velcro mejor que botones, chándal de una pieza, polos cerrados mejor que camisas, zapatos sin cordones, ropas que puedan ponerse al derecho o al revés.

Las habitaciones peligrosas.
Se consideran habitaciones peligrosas las siguientes:

La cocina
Los puntos peligrosos de la cocina son:
- La cocina (sobre todo si es de gas) y el horno: tratar de que queden inutilizables cuando no las use.
- El calentador: bloquearlo en posición intermedia para evitar que salga agua demasiado caliente.
- El frigorífico: Equiparlo con una cerradura, hay que evitar que coma sin control cuando esté solo.
- Productos de limpieza: guardarlos bajo llave.
- Cuchillos y objetos cortantes: Ponerlos fuera del alcance.
- Vajilla: Equipar la cocina con vajillas de plástico, irrompibles.

El cuarto de baño
El equipamiento del cuarto de baño ha de centrarse en:
- La bañera: Debe llevar tiras antideslizantes pegadas en el fondo. Agarradera que facilite la entrada o la salida de la misma. Quitar la alfombrilla de baño sobre la que pueda resbalarse.
- La ducha: Tiras antideslizantes en el suelo. Barras laterales para agarrarse.
- El botiquín: Vaciarle todos los medicamentos.
- Útiles de aseo: Reducidos al mínimo (toalla, cepillo de dientes, tubo dentífrico, jabón) y siempre en el mismo sitio.
- Luz nocturna permanente.

- Utilizar una silla de baño.

Zonas de peligro
Ciertas áreas de la casa deben ser inaccesibles a la persona con Alzheimer. Estos espacios son el garaje, el sótano y armarios que contengan artículos frágiles, peligrosos o de valor. Las puertas que conducen a estas áreas restringidas y al exterior deberían estar cerradas y con algún tipo de sistema de alarma.

Zona del cuidador/a
La segunda área especialmente cuidada debe ser la que ocupa la persona encargada del cuidado del enfermo. La persona que esté cuidando a alguien con Alzheimer debería tener un área de descanso para sí mismo. Los cuidadores se pueden hartar y por eso necesitan relajarse y tener tiempo para cuidarse ellos, solo, mientras alguien más proporciona el cuidado al enfermo.

La zona segura
Finalmente, el resto del hogar debería ser accesible a la persona con la enfermedad de Alzheimer. Tiene que haber zonas de libre circulación para el enfermo. Se deberán poner enchufes "a prueba de niños" y no debería de haber ningún tipo de medicamento a su alcance, ni herramientas peligrosas, sustancias químicas, así como documentos importantes, cuentas bancarias y objetos de valor o frágiles.

Dentro del hogar
La máxima seguridad en la casa es crítica y usted tendrá que examinar cada situación a fondo. Recuerde que tarde o temprano gente con Alzheimer perderá su capacidad de pensar razonablemente. Por ejemplo, un enchufe eléctrico puede parecer ser un agujero curioso para explorar u ocultar algo, como un bolígrafo de metal. Hasta un acuario, que combina el agua y la electricidad, puede crear una situación mortal.

Asegúrese que las ventanas y puertas del balcón estén cerradas (si usted vive en un primer piso). A menudo la persona no comprende que vive sobre una primera planta, aunque esto es obvio para usted.

Abrazaderas para ventanas están disponibles, a poco precio, en la mayor parte de las ferreterías y consiguen que una ventana o puerta no se abra lo suficiente para que quepa una persona.

Quite productos tóxicos y aparentemente inofensivos, que si se comen con exceso podrían causar una enfermedad - artículos como la pasta dental o los dulces. Esconda los utensilios afilados y las aplicaciones eléctricas. Su casa deberá estar bien iluminada para facilitar la visión del enfermo y por lo tanto sabrán por donde caminar. La iluminación es importante en los pasillos que a menudo son oscuros y largos. El enfermo de Alzheimer puede tener dificultades en dar la vuelta y volver.

Baje el termostato de su calentador de agua a su nivel más bajo o no más alto de 120 grados para evitar quemaduras leves. Se pueden instalar dispositivos que regulen la temperatura del agua y así evitar quemaduras.

Instale un asiento y grifo de mano en el baño o la ducha. Los grifos de mano deberán tener botones en el mango para ofrecer mejor utilización para controlar los temores del agua o del baño del enfermo. Las barras de sujeción y esteras de baño y ducha son aconsejables.

Ponga los muebles de una forma que proporcione apoyo al enfermo. Quite los muebles que rueden, se caigan fácilmente o no puedan soportar el peso de una persona. Quite los muebles que puedan causar caídas o tropiezos. Quite los muebles que son difíciles de ver, como las mesas de cristal y las estanterías transparentes. Tenga cuidado con cuerdas de extensión y las líneas telefónicas que puedan estar caídos y por lo tanto causar caídas.

Puertas
Para las puertas que se cierran hacia dentro, como el cuarto de baño, quite la cerradura o guarde una llave de emergencia para poder acceder al interior del cuarto. Para la puerta de calle, deberán tener una llave suplementaria inaccesible para el enfermo, o le da una al vecino.

Vagabundeo

El vagabundeo es un problema serio. Hay diferencias significativas de ocuparse del vagabundeo de noche o de día.

El vagabundeo por la noche presenta muchos obstáculos. Mientras el cuidador/a está dormido, es más fácil para una persona con Alzheimer pasar inadvertida. Coloque una alarma sobre el marco de la puerta del dormitorio. Si la puerta se abre, la alarma saltará y alertará al cuidador/a de que el enfermo está saliendo. Con estas alarmas el cuidador/a seguramente pueda dormir tranquilamente sabiendo que la alarma sonará si el enfermo sale de su habitación. (Pruebe la alarma para asegurarse que el cuidador/a puede oírla desde su dormitorio.)

El vagabundeo de día implica una continua fuente de estimulación y de actividad sana. No se olvide de retirar los muebles bajos y todo con lo que el enfermo pueda tropezar. Las mismas reglas se deberían de aplicar a los caminos exteriores.

Qué hacer con respecto al vagabundeo
- Identificar al paciente con un brazalete, o una cartera donde ponga sus datos personales
- Buscar la causa y tratarla, si se puede.
- Aumentar su nivel de actividad durante el día.
- Facilitar la orientación en el medio donde se encuentra.

Rutina

La persona con Alzheimer a menudo desarrolla una rutina de actividades que se repiten con frecuencia, que encuentran cómodas y agradables. Observando sus movimientos alrededor de la casa nos puede dar pistas de cuales son los caminos habituales y sitios donde el enfermo se siente seguro. Una vez estos sitios se visiten con regularidad identifique cualquier cosa que pueda causar problemas potenciales. Asegúrese de que ellos están seguros, interesados y que haya objetos familiares que el enfermo pueda identificar y disfrutar.

Al comienzo de la enfermedad facilite el ambiente del enfermo. Retire cosas desordenadas y simplifique las cosas. Inspeccione las cosas que puedan complicar la vida en su hogar. Es importante que su casa tenga un ambiente tranquilo, seguro y que anime a tomar decisiones y tareas que puedan ser completadas con facilidad.

Ponga carteles con letras grandes, que sean fáciles de leer, posters y recortes de revistas para enseñar el contenido. Convierta esto en un proyecto familiar y divertido.

El Alzheimer es una enfermedad progresiva

Las modificaciones y precauciones, que son apropiadas en las etapas más tempranas, pueden no serlo para las siguientes etapas. Por ejemplo, los espejos son importantes para animar al enfermo a seguir mirándose ratos largos. Sin embargo, en etapas posteriores muchas personas pueden confundirse y agitarse por sus propios reflejos en el espejo. Si esto se convierte en un problema cubra o quite los espejos.

Nutrición

Una dieta saludable a base de frutas, vegetales, granos integrales y rica en antioxidantes, puede ayudar a proteger contra la enfermedad de Alzheimer. Se ha tratado de ver el impacto beneficioso de las vitaminas C y E., que son antioxidantes que se adhieren a los radicales libres y los desactivan. Los radicales libres se crean a partir del metabolismo celular y dañan la estructura y el DNA de las células y algunas investigaciones los hacen responsables del envejecimiento prematuro, la demencia y algunos tipos de cáncer.

Algunos estudios han llegado a la conclusión que la vitamina E disminuye el riesgo de desarrollar la enfermedad de Alzheimer. El efecto protector se vio más claro en los fumadores, ya que el tabaco es otro factor de riesgo de Alzheimer.

Alimentos ricos en vitamina C

También denominada ácido ascórbico, esta vitamina forma junto a la vitamina E y al beta-caroteno (Pro-vitamina A) el trío de los grandes antioxidantes que pone a nuestra disposición la naturaleza para neutralizar la acción de los radicales libres.

Esta vitamina es necesaria para producir colágeno, importante en el crecimiento y reparación de las células de los tejidos, encías, vasos, huesos y dientes, y para la metabolización de las grasas, por lo que se le atribuye el poder de reducir el colesterol. Varias investigaciones han demostrado que una alimentación rica en vitamina C ofrece una protección añadida contra algunos tipos de cánceres.

Frutas y vegetales ricos en vitamina C (% de cantidad diaria recomendada por 100 gr.)	
Coles de Bruselas	80%
Coliflor	120%
Fresas	120%
Grosellas	400%
Kiwi	196%
Limón	160%
Melón	30%
Naranja	76%
Pimiento verde	200%
Nabo	34%
Tomate	40%

Se recomiendan de dos a cuatro piezas de fruta al día y de tres a cinco porciones de verduras o vegetales.

Alimentos ricos en vitamina E
La vitamina E ayuda a evitar la oxidación producida por los radicales libres, manteniendo la integridad de la membrana celular. Protege también contra la destrucción de la vitamina A, el selenio, los aminoácidos sulfurados y la vitamina C. Alivia la fatiga, previene y disuelve los coágulos sanguíneos y, junto con la vitamina A, protege a los pulmones de la contaminación.

Proporciona oxígeno al organismo y retarda el envejecimiento celular, por lo que mantiene joven el cuerpo. También acelera la cicatrización de las quemaduras, ayuda a prevenir los abortos espontáneos y calambres en las piernas. Es vital para el metabolismo del hígado, del tejido muscular liso y estriado y del miocardio;

protege del deterioro a la glándula suprarrenal y es esencial en la formación de fibras colágenas y elásticas del tejido conjuntivo.

Frutas y vegetales ricos en vitamina E (% de cantidad diaria recomendada por 100 gr.)	
½ aguacate	30%
Boniato	50%
Brócoli	11%
Ciruela	6%
Espinacas	20%
Espárragos	25%
Manzana	2%
Moras	10%
Plátano	2%
Tomate	12%
Zanahoria	5%

La comida

Comer puede ser un reto. Algunas personas que sufren de la enfermedad de Alzheimer quieren comer todo el tiempo, mientras otras hay que estimularlas para que mantengan una buena dieta.

Tenga en cuenta lo siguiente:
- Asegúrese que haya un ambiente de silencio y tranquilidad para comer.
- Limitar el ruido y otras distracciones puede ayudar a la persona a concentrarse en la comida.
- Proporciónele un número limitado de opciones de comida y sírvale porciones pequeñas. Usted pudiera ofrecerle varias comidas pequeñas a lo largo del día en lugar de tres grandes.
- Utilice pajillas o tazas con tapa para facilitar el beber.
- Proporcione alimentos que se coman con las manos si la persona tiene dificultad para utilizar los cubiertos.
- Usar un plato hondo en vez de uno plano pudiera ayudarle también. Mantenga refrigerios saludables a la mano. En los casos en que haya que animar a la persona a comer, mantenga los refrigerios a la vista.

- Lleve a la persona al dentista regularmente para mantener la boca y la dentadura saludable.

Qué hacer con respecto a los trastornos en la alimentación
- Si no come, es preciso observar el estado de la dentadura.
- Si hay problemas por disfagia, comprobar que no existan patologías asociadas que la favorezcan.
- Presentar la comida de manera apetecible.
- Si come demasiado, no dejar comida a su alcance y distraerlo con otras actividades.
- Si adelgaza, a pesar de comer bien, puede ser un trastorno metabólico en cuyo caso lo llevaremos al médico.

El baño
Mientras que para algunas personas con la enfermedad de Alzheimer no les es molesto tomar un baño, para otras es una experiencia que produce confusión y miedo. Planear por adelantado puede ayudar a que el momento del baño sea mejor tanto para el paciente como para usted. Tenga en cuenta lo siguiente:

- Planee el baño o la ducha para la hora del día en que la persona está más tranquila y positiva.
- Sea consistente, intente desarrollar una rutina.
- Respete el hecho de que el baño produce miedo y es incómodo para algunas personas con la enfermedad de Alzheimer.
- Sea amable y respetuoso, tenga paciencia y calma.
- Dígale a la persona lo que usted va a hacerle, y paso por paso permítale hacer por sí misma todo lo que le sea posible.
- Prepárese con anticipación.
- Asegúrese, antes de empezar, que usted tiene listo en el baño todo lo que necesita, prepare el baño por adelantado.
- Tenga en cuenta la temperatura del baño, si es necesario, caliente de antemano el cuarto y tenga cerca toallas extras y una bata de baño.
- Pruebe la temperatura del agua antes de empezar el baño o la ducha.

- Reduzca los riesgos utilizando una ducha de mano, un asiento para la ducha, barras para agarrarse y alfombras no resbaladizas para la bañera.
- Nunca deje sola a la persona en el baño o en la ducha.
- Trate un baño con esponja; el baño pudiere no ser necesario todos los días. Un baño con esponja puede ser efectivo entre la última ducha o baño dado al paciente y el próximo que se le va a dar.

Vestirse

Abotonarse, subirse o bajarse una cremallera y escoger qué ponerse o quitarse es un reto para alguien que padece de la enfermedad de Alzheimer. Reducir estas dificultades puede aliviar esta tarea. Para ello, tenga en cuenta lo siguiente:

- Trate que la persona se vista a la misma hora todos los días, para que eso lo tenga como parte de la rutina diaria.
- Anímela para que por si misma se vista hasta donde sea posible. Planee que tenga tiempo suficiente para que no haya ninguna presión o prisa.
- Permítale escoger entre una selección limitada de prendas. Si tiene una ropa favorita, considere comprarle varios juegos idénticos.
- Organice la ropa en el orden en que se la debe poner para ayudarle a ejecutar el proceso.
- Si la persona necesita que se le presione un poco, dele instrucciones claras paso a paso.
- Escoja ropa que sea cómoda, fácil de poner y de quitar, y fácil de mantener. Los elásticos en la cintura y los cierres de "velcro" disminuyen las dificultades con botones y cremalleras.

Actividades

¿Qué hacer durante todo el día? Encontrar actividades, que las personas que padecen de la enfermedad de Alzheimer puedan hacer y les interese, puede ser un desafío. Para llevar a cabo actividades, tenga en cuenta lo siguiente:

- Hacer uso de las habilidades que la persona ya tiene generalmente da mejores resultados que tratar de enseñarle algo nuevo.
- No espere demasiado.
- Las actividades sencillas son a menudo las mejores, sobre todo cuando en ellas se usan habilidades que la persona tiene en ese momento.
- Ayude a la persona a iniciarse en una actividad, divídala en pequeñas etapas y elogie a la persona por cada paso que complete.
- Esté pendiente de señales de agitación o frustración en cada actividad y pacientemente ayude o haga que la persona se ocupe en otra cosa.
- Incorpore en su rutina diaria las actividades que la persona parece disfrutar e intente hacerlas a una hora similar cada día.
- Aproveche los centros de servicios para el cuidado de adultos durante el día, los cuales proporcionan diversas actividades para la persona que sufre de la enfermedad de Alzheimer. La existencia de estos servicios también le da a las personas que cuidan enfermos la oportunidad de descansar temporalmente de las tareas asociadas con esta labor. Estos centros frecuentemente proporcionan transporte y comidas.

El ejercicio

Incorporar el ejercicio dentro de la rutina diaria proporciona beneficios tanto a la persona que padece de la enfermedad de Alzheimer como para quien la atiende. No solamente puede mejorar la salud, sino que también puede convertirse en una actividad importante que ustedes dos pueden compartir. Tenga en cuenta lo siguiente:

- Piense en la clase de actividad física que ustedes dos disfrutan como caminar, nadar, jugar tenis, bailar o trabajar en el jardín.
- Determine la hora del día y el lugar dónde podrían practicar mejor ese tipo de actividad.
- Sea realista con sus expectativas. Comience despacio, quizás simplemente empiece por ejemplo con un paseo corto alrededor de la casa.

- Esté pendiente de cualquier señal de molestia o de esfuerzo excesivo. Hable con el médico de la persona que usted cuida si esto sucede.
- Permítale a la persona tener independencia tanto como le sea posible, aún cuando los resultados de sus actividades no sean perfectos.
- Busque los programas de ejercicio disponibles en su área. Los centros para personas mayores regularmente tienen programas de grupo para aquellos a quienes les gusta hacer ejercicio en grupo.
- Anime a la persona a realizar actividades físicas. Pase tiempo afuera cuando el clima lo permita. El ejercicio generalmente ayuda a todo el mundo a dormir mejor.

Incontinencia

Con el progreso de la enfermedad, muchas personas con la enfermedad de Alzheimer empiezan a experimentar incontinencia, o la incapacidad para controlar la orina o los intestinos. La incontinencia puede ser muy perturbadora para el enfermo y muy difícil para quien lo cuida. Algunas veces la incontinencia es causada por una enfermedad física, por lo que debe asegurarse de discutirlo con el médico que atiende a la persona.

¿Cuáles son los factores de la incontinencia?
- Ambientales.
- Funcionales de deterioro físico o cognitivo.
- Ginecológicos, urológicos o neurológicos.
- Psicológicos.

¿Cuáles son sus síntomas?
- Incapacidad de esperar unos minutos cuando se tiene el deseo de orinar.
- No se tiene la sensación de que se llena la vejiga.
- Cuando comienza a orinar no se tiene la sensación física de estar haciéndolo.
- Acude muy pocas o muchas veces a orinar al cabo del día.
- No es capaz de parar de orinar una vez que ha empezado a hacerlo.

¿Cómo actuar?
- Tener una actitud discreta.
- No dar demasiada importancia a la incontinencia.
- Tratar de evitar a la persona cualquier sentimiento de vergüenza o humillación.
- No enfadarse o ser crítico.

¿Cómo tratarla?
- Eliminar sentimientos de vergüenza o angustia de la persona incontinente.
- Reforzar los éxitos relativos a la conducta continente.
- Llevar a cabo modificaciones ambientales que faciliten la implantación del plan de tratamiento.
- Adaptar el vestido: que sea fácil de poner o quitar, cierres delanteros, velcro en lugar de botones, etc
- Evitar restricciones de movilidad (camas altas, mobiliario incómodo, etc)
- Aseo suficientemente amplio y con puertas anchas.

Recomendaciones:
- Tenga una rutina para llevar a la persona al baño y manténgala tan rigurosamente como sea posible. Por ejemplo lleve a la persona al baño cada más o menos tres horas durante el día.
- No espere a que la persona se lo pida.
- Esté atento a señales de que la persona tiene que ir al baño tales como inquietud o tirarse la ropa. Actúe rápidamente.
- Sea comprensivo cuando ocurren accidentes.
- Conserve la calma y tranquilice a la persona si está angustiada.
- Trate de recordar cuando suceden los accidentes para ayudar a planear formas de evitarlos.
- Para ayudar a prevenir los accidentes nocturnos limite ciertos tipos de líquidos en la noche como aquellos con cafeína.
- Si va a salir con la persona, planee previamente. Averigüe dónde están localizados los baños y haga que la persona use ropa sencilla y fácil de quitarse. Lleve un juego extra de ropa en caso de accidente.

Problemas de sueño

Para la agotada persona que cuida a un enfermo de Alzheimer, dormir por la noche es algo más que deseado. Pero para el que sufre de la enfermedad de Alzheimer, las horas de la noche pueden ser difíciles. Lograr que la persona vaya a la cama y permanezca allí puede requerir de alguna planificación previa.

¿Qué hacer para evitarlos?

- Buscar las causas.
- Consultar con el médico.
- Preparar la habitación para dormir
- Utilizar el dormitorio sólo para descansar.
- No permanecer en la cama despierto.
- Comer saludablemente.
- Realizar actividades relajantes.
- No dar demasiada importancia al no dormir.
- Practicar la relajación.

Recomendaciones:

- ✓ Mantenga un tono calmado y pacífico en la noche para inducir el sueño.
- ✓ Mantenga las luces muy bajas, elimine los ruidos fuertes, e incluso ponga música relajante si parece que la persona la disfruta.
- ✓ Trate de mantener una hora para acostarse que sea mas o menos la misma todas las noches.
- ✓ Desarrollar una rutina a la hora de acostarse puede ayudar.
- ✓ Anime a la persona a hacer ejercicios durante el día y limítale las siestas durante el día.
- ✓ Restrínjale el consumo de cafeína durante la tarde.
- ✓ Si la oscuridad asusta o desorienta a la persona, use luces nocturnas en la alcoba, en el vestíbulo y en el baño.

Alucinaciones y delirios

Con el avance de la enfermedad, una persona que padece de la enfermedad de Alzheimer puede experimentar alucinaciones o delirios. Las alucinaciones son momentos cuando una persona ve, oye, huele, saborea o percibe algo que no está allí. Los delirios son creencias falsas de las cuales las personas no pueden ser disuadidas.

Algunas veces las alucinaciones y los delirios son signos de una enfermedad física.

Recomendaciones
- Tome nota de lo que la persona está experimentando e informe al médico.
- Evite discutir con la persona sobre lo que ella ve u oye. Trate de responder a los sentimientos que la persona está manifestando y bríndele seguridad y consuelo.
- Trate de distraer a la persona con otro tema o actividad. A veces llevarlo a otro cuarto o salir a caminar puede ayudar.
- Apague la televisión cuando estén presentando programas violentos o perturbadores. La persona con la enfermedad de Alzheimer puede de que no sea capaz de distinguir un programa de televisión y la realidad.
- Verifique que no hay ningún riesgo para la persona y que no tiene acceso a ningún objeto que podría usar para hacerle daño a alguien.

La deambulación
Mantener la seguridad de la persona es uno de los aspectos más importantes de su cuidado. Algunas personas con la enfermedad de Alzheimer tienen tendencia a salirse de sus casas o a alejarse de quienes las cuidan. Saber qué hacer para limitar esta conducta puede evitar que la persona se pierda.

¿Cuáles son los síntomas de la deambulación en una persona?
- Se sienten inquietas.
- Son incapaces de permanecer sentadas.
- Andan por el mismo lugar repetidas veces.
- Se balancean de un pie a otro.
- Suelen intentar salir de la habitación en la que se encuentran.
- Tocan los tiradores de las puertas u otros objetos repetidas veces.

- Buscan sensaciones táctiles y auditivas (dan palmadas o hacen rodar objetos).

La deambulación comienza a ser un problema cuando se produce en lugares inadecuados y con consecuencias negativas, tales como tener riesgos de caídas, sufrir un accidente, exponerse a una temperatura desaconsejable, causar daño al mobiliario....

¿Qué hacer ante la deambulación?
- Crear un ambiente seguro.
- Permitir la deambulación.
- Facilitar la orientación.
- Mantenerse localizado.
- Favorecer la actividad.
- Distracción.
- Fomentar la comunicación.
- Utilizar tarjetas de identificación.

Recomendaciones:
- ✓ Asegúrese que la persona lleve siempre consigo alguna clase de identificación o que use una pulsera médica.
- ✓ Si la persona se pierde, y es incapaz de comunicarse adecuadamente, esto hará que otros puedan saber su identidad y condición médica.
- ✓ Mantenga una fotografía reciente o un video de la persona con la enfermedad de Alzheimer para ayudar a la policía en caso de que la persona se pierda.
- ✓ Mantenga las puertas cerradas con llave. Considere la opción de colocar una cerradura con pestillo que se cierra con llave por dentro, o una cerradura adicional en la parte más alta o más baja de la puerta. Si la persona puede abrir la cerradura porque está familiarizada con ella ponga un nuevo pestillo o cerradura.
- ✓ Asegúrese de guardar o colocar en un lugar seguro cualquier cosa que pueda poner a la persona en peligro, tanto dentro como fuera de la casa.

Qué hacer con respecto a la conducta sexual inapropiada
- No darle excesiva importancia, comprender que se trata de un efecto de la enfermedad y que no es posible razonar con ellos.
- Conviene ser receptivos, amables y especialmente cariñosos. En esa situación debe llevárseles a un lugar donde se preserve la intimidad.
- Este tipo de conducta alterada no es general y cuando se produce suele ser temporal.

Qué hacer con respecto a las preguntas repetitivas
- Distraerle con otros temas, introduciéndole en otra actividad.
- Tranquilizarle, darle seguridad.

Conducir vehículos

Decidir que ya es un riesgo que alguien con la enfermedad de Alzheimer conduzca un vehículo es difícil. Es necesario que se le comunique esa decisión con tacto y cuidado. Aunque la persona pueda molestarse por la pérdida de independencia, su seguridad debe ser la prioridad.

Esté alerta a las señales que indican es peligroso que la persona continúe conduciendo un vehículo. Algunas de estas señales son: perderse en lugares conocidos, manejar demasiado rápido o demasiado despacio, desatender las señales de tráfico, enfadarse o confundirse.

Comprenda los sentimientos de la persona acerca de la pérdida de la habilidad para manejar, pero sea firme al pedirle que no lo haga más. Sea consistente prohibiéndole a la persona manejar tanto en los días buenos como en los días malos.

Pídale al médico que le ayude. La persona puede ver al médico como una autoridad y aceptar no volver a manejar. El médico también puede avisar al Departamento de Tráfico y solicitar que se examine nuevamente a la persona.

Si es necesario tome usted las llaves del automóvil. Si tener las llaves sencillamente es importante para la persona, sustitúyaselas por un juego diferente. Si todas éstas medidas fallan, desactive el automóvil o estaciónelo en un lugar dónde la persona no pueda verlo o tener acceso a él.

Visitas al médico

Es importante que la persona que padece de la enfermedad de Alzheimer reciba atención médica regularmente. Planear con anticipación puede facilitar la visita al consultorio del médico.

Recomendaciones:

✓ Trate de programar la cita para la hora del día en que mejor se sienta la persona, pregunte también en el consultorio a que hora del día está menos ocupado.

✓ Informe al personal del consultorio que ésta es una persona confundida, pregunte en el consultorio si hay algo que ellos puedan hacer para que la visita sea más fácil.

✓ No le cuente a la persona sobre la cita hasta el día de la visita o incluso poco tiempo antes de ir. De una impresión positiva y firme.

✓ Llévele algo de comer, de beber y cualquier actividad de la que pueda disfrutar.

✓ Haga que un amigo u otro miembro de la familia vaya con usted a la consulta, para que uno de ustedes pueda permanecer con la persona mientras el otro habla con el médico.

Enfrentándose a los días festivos

Los días festivos son dulces y amargos a la vez para muchos de los que atienden personas que sufren de Alzheimer. Los recuerdos felices del pasado contrastan con las dificultades del presente, las demandas extras de tiempo y energía pueden parecer abrumadoras.

Recomendaciones:

✓ Trate de balancear el descanso y la actividad, esto puede ayudar.

✓ Mantenga o adapte las tradiciones familiares que son importantes para usted.

✓ Incluya a la persona con la enfermedad de Alzheimer tanto como sea posible.

✓ Acepte que las cosas son diferentes y sea realista en cuanto a lo que usted espera que puede hacer.

✓ Anime a los amigos y a la familia para que lo visiten. Limite el número de personas en cada visita, y trate de programar las visitas para la hora del día cuando la persona se sienta mejor.

✓ Evite las multitudes, los cambios en la rutina y los ambientes extraños que puedan causarle confusión o agitación.

✓ Haga lo posible por distraerse y de encontrar tiempo para hacer las cosas que usted disfruta en los días festivos, aunque sea necesario pedirle a un amigo o a un miembro de la familia que pase un tiempo con la persona enferma mientras usted sale.

¿Qué hacer ante la inactividad y la tristeza?

- Tener control sobre la propia vida.
- Sentirse útil.
- Realizar actividades agradables.
- Acudir a grupos de actividades.
- Facilitar que se relacione con otras personas.
- Escuchar y hablar con él/ella.
- Fomentar la actividad física.
- Consultar con profesionales de salud mental.
- No insistir ni presionar.

La actuación con los enfermos con sida

Las precauciones que se deben tomar son:

✓ Lavarse las manos después del contacto con fluidos del cuerpo tales como sangre, orina, heces y drenajes de heridas.

✓ Se debe de disponer en casa de guantes desechables (no hace falta que sean estériles), limpios, para una asistencia cuidadosa cuando entre en contacto con los líquidos corporales.

✓ Puede usarse una bata para no mancharse la ropa. Hay que tener en cuenta que la utilización de una bata protege la ropa pero no previene la propagación de organismos infecciosos.

✓ No es necesaria la utilización de mascarillas, a menos que se sospeche la existencia del Mycobacterium tuberculosis y no haya sido tratado con antibióticos. El paciente debe utilizar mascarilla hasta el final del tratamiento para la tuberculosis, para proteger a otros de las secreciones pulmonares infectadas.

- ✓ Las sábanas o la ropa sucia se pueden lavar en la lavadora con agua caliente, detergente y un vaso de lejía (Se debe añadir el detergente y la lejía al agua antes que la ropa para prevenir los desteñidos de la lejía).
- ✓ Las encimeras de las mesas, los lavabos, las duchas y los suelos se pueden limpiar con estropajo y agua jabonosa caliente, desinfectando luego con una solución de una parte de lejía por nueve de agua.
- ✓ No es necesario separar los utensilios de cocina o de comida de una persona con SIDA. Los utensilios de las comidas deben lavarse con agua jabonosa caliente después de cada uso.
- ✓ No se deben compartir los cepillos de dientes ni maquinillas de afeitar, puesto que pueden producirse hemorragias durante su utilización.
- ✓ Si se utilizan agujas en el cuidado de una persona con SIDA se debe mantener en casa una unidad impermeable de eliminación de desechos
- ✓ La eliminación de todos los materiales desechables debe ser manipulada de la siguiente manera:
- • Guantes, compresas o apósitos, u otro material que pueda contener líquidos del cuerpo de la persona con SIDA se deben poner en una bolsa de plástico gruesa y bien cerrada para prevenir los derramamientos.
- • Las agujas se deben poner en contenedores plásticos impermeables.
- • Estos recipientes y bolsas de plástico gruesas se pueden eliminar de acuerdo con las regulaciones locales de eliminación de residuos sólidos. (En la mayoría de las comunidades este material se puede eliminar a través de la recogida habitual de basura de la ciudad.

Llegados a este punto, se hace necesario dejar constancia del impacto psicológico que supone la utilización de mascarillas, guantes, batas y demás métodos de protección, que por desconocimiento de la enfermedad, se utilizan excesiva e innecesariamente y que crean una importante barrera afectiva entre el enfermo y el administrador de sus cuidados, impidiendo que se establezcan lazos de afectividad y empatía, tan necesarios para estos pacientes.

Cuidados generales en el domicilio del paciente con sida

Lo que se intenta conseguir es que el enfermo disfrute de seguridad y bienestar, en su propio domicilio, recibiendo en él los cuidados y las atenciones adecuadas para ello.

Los métodos que a continuación se citan se aplicarán basándose en las necesidades a cubrir, pues en algunos casos no será necesaria la aplicación de parte de ellos, todo dependerá del grado de afectación de la enfermedad y el deterioro de la persona. Los cuidados a tener en cuenta son los siguientes:

- ✓ Los muebles se deben disponer de forma que el paciente pueda caminar con seguridad.
- ✓ El paciente puede moverse más libremente si puede descansar en sillas o apoyarse en las paredes.
- ✓ Las alfombras pueden ser peligrosas y provocar caídas. Se deben retirar si el paciente está debilitado, con dificultad para la deambulación o corre riesgo de caídas.
- ✓ Un andador o una silla de ruedas pueden permitir al paciente aumentar su independencia para moverse por la casa.
- ✓ Una silla de ducha o barra de baño puede permitir al paciente aumentar su independencia en las actividades del cuidado personal. Un baño antideslizante puede ser también útil.
- ✓ La mesita de noche debe estar cercana al paciente, y el teléfono accesible, para que pueda permitirle estar postrado en la cama y sin embargo ser independiente en algunas actividades de la vida social cotidiana y, por lo tanto, darle un mayor sentido de control de su vida.
- ✓ En alguna fase de la enfermedad, el deterioro mental puede hacer que pierda la memoria, se desoriente en el tiempo, con respecto al lugar o a las personas, esto puede solventarse en parte teniendo a su alcance un reloj, un calendario y un dietario con espacios para que anote sus compromisos, citas, tratamientos, notas, etc; todo ello hará que disminuya su confusión y le dará seguridad.

Cuidados paliativos

Los cuidados paliativos son el conjunto de cuidados que tenemos que ofrecer a aquellas personas que padecen una enfermedad en fase terminal, es decir, con pronóstico vital limitado y sin respuesta a tratamientos específicos con capacidad para curar, parar o retrasar su evolución. Se pretende mejorar la calidad de vida que resta a la persona y proporcionar una muerte digna gracias a la instauración de una atención continua. Esta atención no sólo debe ser médica, sino de apoyo emocional al enfermo y a sus familiares, para que puedan hacer frente a su muerte libres de sufrimiento físico y acompañado de sus seres queridos.

Como hemos comentado, la enfermedad de Alzheimer es, hoy en día, una enfermedad incurable que evoluciona a la muerte en un periodo más o menos entre 7 y 20 años después de ser diagnosticada, en la que se produce un deterioro progresivo de las funciones cognitivas que conducen a una situación de incapacidad total de la persona para auto asistirse y auto mantenerse. En la última fase de la enfermedad, el enfermo depende totalmente de los demás para seguir viviendo, postrado en la cama y con distintos grados de desconexión del medio.

Esta fase de postración es la que podemos considerar terminal de la enfermedad, independientemente del pronóstico vital que presente la enfermedad. Nos encontramos con un deterioro cognitivo muy importante con gran alteración de la capacidad para comunicarse con el medio, dependencia total para la realización de las actividades diarias más elementales, descontrol de esfínteres, incapacidad para el aseo personal y para la alimentación.

En este estado, la evolución a la muerte es irreversible en un periodo limitado (alrededor de seis meses), dependiendo de las complicaciones que se presenten. Se presentan complicaciones infecciosas y metabólicas que no responden adecuadamente a los tratamientos, de manera que su instauración no altera el pronóstico final ni las expectativas de vida.

El objetivo de las intervenciones sanitarias en la fase terminal es favorecer aquellas situaciones que proporcionen bienestar. Hay una serie de situaciones que proporcionan sufrimiento, como las sondas naso-gástricas, la restricción física de los movimientos, las curas de las úlceras sin analgesia adecuada, no controlar los síntomas como las dificultades respiratorias o el estreñimiento.

Los cuidados paliativos en fase terminal deben intentar modificar la forma cómo acontece el proceso de morir, favoreciendo que se produzca sin sufrimiento.

Hay que aplicar un programa de cuidados dirigido a:

- Control del dolor.
- Control del estreñimiento.
- Controlar la dificultad respiratoria.
- Cuidado de la boca.
- Cuidado de la piel.
- Cuidado de la incontinencia urinaria.

La familia debe recibir el adecuado apoyo para adaptarse a esta etapa de la enfermedad en la que ya está presente la evolución a la muerte en un tiempo más o menos corto.

Una vez que ha fallecido su familiar, la labor del equipo de cuidados paliativos, tiene que comenzar una nueva etapa de apoyo a la familia para que el duelo se produzca en las mejores condiciones.

Hay que tener en cuenta que, en última instancia, la familia debe representar el soporte operativo y afectivo del cuidado del enfermo.

El duelo

El duelo es una sensación de pérdida sin posibilidad de reparación. Puede tener distintas causas: la desaparición de un ser querido, o la pérdida de la salud o del trabajo. La muerte del padre o del esposo, un divorcio o un cambio de casa provocan emociones y sentimientos que tienen una base común. Las diferencias vienen marcadas por la intensidad y la capacidad de asumir el golpe.

Asumir la desaparición de los seres queridos

Es algo natural, una experiencia que hay que aceptar porque forma parte de la vida. La pérdida de un ser querido provoca que nuestro organismo se active a nivel motor, físico y cognitivo. Tenemos la sensación de vivir y sentir más intensamente.

Sentimos:
- Arrebatos de dolor: Alucinaciones, angustia, que no queremos vivir más, que estamos desorientados.
- Insomnio: Queremos guardar todos los recuerdos, inestabilidad anímica, que no nos lo podemos quitar de la cabeza, celos...
- Rabia: Miedo al futuro, pesadillas, que el difunto nos visita en sueños, que no sabemos qué hacer.
- Ansiedad: Un peso en el pecho, que no podemos dejar de llorar, cólera.
- Apatía: Desgana, inquietud psicológica, estrés corporal.

Todas estas sensaciones son naturales y lo normal es que aparezcan en algún momento del duelo. Asumirlas como parte de un proceso que inevitablemente hay que vivir nos ayudará a salir adelante.

Si estas reacciones permanecen durante un período de entre seis y dieciocho meses, estaremos hablando de un duelo normal. La persona va recuperando progresivamente la estabilidad, hasta llegar a una completa aceptación de la pérdida. A partir de ese momento puede rehacer su vida sin la presencia del ser querido.

Fases del proceso de duelo
Para superar el duelo y retomar aquellas actividades que se fueron dejando atrás, hay que pasar por una serie de etapas.
- NO PUEDE SER: la primera etapa es la negación. Surge como un mecanismo de defensa ante la pérdida del ser querido. A veces el cuidador tiene ensoñaciones y alucinaciones en las que aparece el fallecido.
- POR QUÉ A MÍ: como reacción ante el vacío, la sensación de falta de apoyo y la soledad que conlleva el fallecimiento, los familiares reaccionan airadamente contra sí mismos y contra los demás.
- TODA LA CULPA ES MÍA: el cuidador/a comienza a buscar responsables de lo que ha sucedido y acaba echándose la culpa. "Si me hubiera enterado antes de lo que tenía", "Si le hubiera

tratado mejor", "Si no le hubiera gritado". Esta es una de las etapas más importantes en el proceso de duelo y, si no se resuelve correctamente, puede durar toda la vida.

➢ YO TAMBIÉN ME SIENTO MAL: El familiar toma conciencia de la fugacidad de recuerdo, intenta conservar la imagen del difunto mediante fotografías y objetos. Al ir asimilando el dolor y la pérdida comienza a plantearse el futuro, lo cual le provoca depresión, inseguridad y miedo.

➢ SE HA HECHO TODO LO QUE SE HA PODIDO: Llega el momento de aceptar la muerte y de tratar de rehacer nuestra vida. En esta etapa comenzamos a desprendernos de objetos y de recuerdos del difunto. Es el momento de la despedida.

Cómo ayudar a la persona en duelo

El duelo es un proceso personal que cada uno debe resolver según su propia sensibilidad, sus capacidades y recursos. A continuación ofrecemos una serie de consejos básicos que pueden facilitar la tarea:

✓ El duelo es una vivencia íntima. No hay nada malo en sentir dolor. Cada persona debe seguir su propio ritmo, sin forzarse. La persona que sufre necesita espacio para poder expresar sus emociones.

✓ Es importante poder disponer de tiempo para estar a solas. La compañía de familiares y amigos puede ayudarnos a sobrellevar la pena.

✓ El hecho de identificar cuáles son nuestros sentimientos, evitar la nebulosa emotiva, nos ayudará a controlar la angustia.

✓ El proceso de duelo nos ayuda a conocernos mejor, a superar los temores y el sentimiento de culpa.

✓ Tenemos que aceptarnos y planificar la vida de acuerdo con nuestras aspiraciones y deseos. Durante el proceso de duelo vivimos una gran sobrecarga emocional.

✓ No es recomendable tomar decisiones importantes. Resolver simbólicamente la despedida con el difunto nos permitirá recobrar la paz interior.

TEMA 3

LA ADMINISTRACIÓN DE MEDICAMENTOS

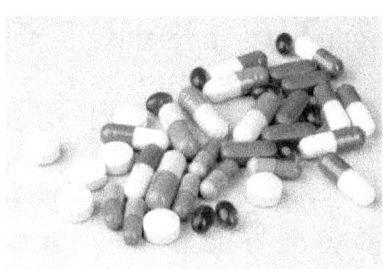

Condiciones generales
La administración de medicamentos tiene como propósito aplicar el tratamiento prescrito, proporcionando la terapéutica pautada en dosis, vía y horarios indicados.

Debemos tener en cuenta los siguientes puntos antes de describir las normas para la administración de los medicamentos:
- ✓ Seguir las normas para tomar la medicación exactamente como está prescrita.
- ✓ Comprobar, antes de administrar cualquier medicamento, la filiación, antecedentes alérgicos, nombre del fármaco, dosis, vía de administración, horario y frecuencia del medicamento.
- ✓ Conocer las compatibilidades y efectos tanto terapéuticos como indeseables del medicamento a administrar.
- ✓ Tomar la medicación siempre a la misma hora cada día. Será menos eficaz si se olvida una dosis.
- ✓ No permitir que otras personas tomen la medicación del mismo envase o a la inversa, aunque estén tomando el mismo medicamento.
- ✓ Si la medición es líquida, se utilizará la medida de la cuchara que trae el envase, que es la dosis exacta, no una cuchara sopera.
- ✓ Comprobar periódicamente la fecha de caducidad de la etiqueta del medicamento, teniendo en cuenta el tiempo que el medicamento está en perfectas condiciones después de abierto.
- ✓ Conocer las características de conservación y respetarlas fielmente.

✓ Detectar, valorar y si es preciso avisar de las posibles reacciones adversas, así como de cualquier cambio en cuanto a comportamientos, hábitos alimentarios, etc.

La farmacocinética de un medicamento trata de los aspectos de la administración, absorción, distribución, metabolismo y eliminación del fármaco en el organismo. En el envejecimiento se va a producir una serie de cambios en la farmacocinética.

Tipos de administración
La administración del fármaco puede ser por diversas vías: intramuscular, intradérmica, subcutánea, intravenosa, oral, rectal, tópica, etc. La más frecuente es la oral.

Alteración en la absorción del fármaco motivado por la edad
Con el envejecimiento, puede producirse una alteración en la absorción del fármaco, administrado por vía oral, debido a las modificaciones que se producen en el tubo digestivo. Estas modificaciones son las siguientes:

- Disminución de la motilidad gástrica, del flujo sanguíneo mesentérico, disminución de la acidez gástrica, etc.
- El medicamento, una vez absorbido pasa a la sangre en donde puede ir unido a proteínas plasmáticas especialmente a la albúmina o ir en forma libre, y dado que hay una disminución de la albúmina plasmática en el anciano, la fracción libre (que es la forma activa) que es la que puede pasar del plasma a los tejidos, es superior en relación a otras edades y por tanto aumenta la distribución en los tejidos y en lugar de acción.
- La metabolización del fármaco tiene lugar principalmente en el hígado y parece que hay una disminución en la capacidad de metabolización.
- La eliminación ocurre principalmente por el riñón, y este sufre con el envejecimiento una disminución de sus funciones.

Consecuencia de todo ello es que existe una mayor saturación del medicamento libre en el plasma y en los tejidos. Estas alteraciones farmacocinéticas requieren una modificación de la dosis, generalmente una reducción, para conseguir una respuesta óptima del medicamento.

Vías de administración

➤ **Absorción general**

a) Digestiva:
- Oral.
- Rectal.
- Por sonda nasogástrica.

b) Parenteral:
- Intradérmica.
- Subcutánea.
- Intramuscular.
- Intravenosa.

➤ **Absorción tópica**

Respiratoria:
- Instilación.
- Inhalación.
- Nebulización.

Cutáneas:
- Pomadas.
- Lociones.
- Ungüentos.

Oftálmica:
- Gotas.
- Pomadas.

Ótica:
- Gotas.
- Pomadas.

Vaginal:

- Pomadas.
- Óvulos.
- Cremas.
- Tabletas.
- Geles.

La administración por vía oral

Se deberá tener en cuenta lo siguiente:
- Se lavarán las manos.
- Se prepararán los fármacos de manera individualizada en dosis y horas pautadas y en el momento de la administración, nunca con anterioridad.
- Evitar la contaminación de los fármacos a través de una correcta manipulación de los mismos, sin devolver al envase la medicación manipulada.
- Para facilitar su deglución se ingerirá con un poco de líquido, y en caso de que no esté contraindicado, con puré, batido, etc.

Los fármacos por vía oral pueden presentarse en forma de:

Sólidos:

- Cápsulas: Tienen una cubierta entérica, nunca se debe de ingerir su contenido sin ella, pues perdería su efecto.
- Comprimidos: Se pueden deshacer para facilitar su ingestión.
- Granulados.
- Grageas: Deben ingerirse íntegras, sin deshacer.

Líquidos:

- Soluciones.
- Jarabes.
- Suspensiones.

Si los medicamentos se administran por vía nasogástrica, deberán introducirse en una jeringa triturados (observando las características anteriores) y disueltos en un poco de agua; tras su administración se lavará la sonda con agua limpia introduciendo la suficiente hasta estar seguros de que el medicamento está en el estómago.

Los fármacos para administrar por vía cutánea pueden presentarse en forma de: polvo, loción, crema, pomada, pasta, gel y espuma.

La administración de pomadas oculares
Se debe tener en cuenta lo siguiente:
- ✓ En primer lugar se limpiarán los párpados con una solución irrigante.
- ✓ Después se quitará el tapón del tubo, teniendo cuidado de no contaminar el extremo del aplicador, no dejando que haga contacto con nada.
- ✓ Apretar el tubo dejando salir un poco de pomada a lo largo de la parte inferior del párpado.
- ✓ Mantener cerrados los párpados durante uno o dos minutos después de la aplicación para permitir que la medicación se extienda y pueda absorberse.
- ✓ El paciente puede experimentar visión borrosa durante unos minutos después de la aplicación; esto es normal y se procurará tranquilizarle.
- ✓ No poner nunca medicación en los ojos si no indica que es de uso oftálmico o para usar en los ojos.
- ✓ Conocer los efectos adversos o indeseables, detectarlos en caso de que aparezcan y avisar al médico inmediatamente. Entre ellos están: disminución de agudeza visual, visión borrosa persistente, enrojecimiento inusual o irritación al usar el medicamento.

Administración de gotas oftálmicas
- ✓ Se lavarán las manos minuciosamente antes de proceder a la administración de las gotas oftálmicas.
- ✓ Sostener el frasco hacia la luz y examinarlo junto con la fecha de caducidad. Si la medicación está decolorada o contiene sedimentos se desechará inmediatamente y se repondrá con una nueva. Si está en buenas condiciones se calentará entre las manos unos minutos hasta que adquiera la temperatura ambiente.
- ✓ Se limpiarán los ojos de secreciones con una gasa estéril empapada en una solución irrigante, utilizando una gasa

diferente para cada ojo con el fin de no contaminar o extender la infección.

✓ Las gotas se pueden aplicar estando la persona de pie, sentada o acostada, en todo caso se le inclinará la cabeza hacia atrás y hacia el ojo que se va a tratar.

✓ Se tirará del párpado inferior (nunca del superior) sin ejercer presión innecesaria sobre el ojo y con suavidad.

✓ El cuentagotas se coloca sobre la conjuntiva entre el párpado inferior y el blanco del ojo. Se fijará la mano del auxiliar, poniendo dos dedos contra la mejilla o la nariz de la persona aquejada.

✓ El enfermo debe dirigir la mirada lejos del cuentagotas. Se aplicarán las gotas indicadas en número, en el saco ocular, nunca directamente sobre el globo ocular.

✓ Nunca deben ponerse en contacto la superficie del cuentagotas con la superficie del ojo o con las pestañas.

✓ Se eliminará el exceso de medicación con una gasa limpia.

✓ Tapar la medicación y guardarla en un lugar resguardado de luz y calor excesivos.

Administración de gotas óticas

✓ Se lavarán las manos minuciosamente antes de proceder a la aplicación de las gotas óticas.

✓ Examinar la medicación incluida la fecha de caducidad. Si está decolorada o presenta sedimentos se desechará inmediatamente.

✓ Calentar la medicación entre las manos durante unos minutos.

✓ Agitar el frasco y abrirlo.

✓ Es preferible que para una mejor accesibilidad al oído, el paciente esté acostado del lado contrario al oído afectado.

✓ Coger suavemente la parte superior de la oreja, hacia arriba y hacia atrás, con el fin de enderezar el canal auditivo.

✓ El cuentagotas debe colocarse sobre el oído teniendo cuidado de no tocarlo.

✓ Apretar el bulbo del frasco suavemente para que salgan el número estricto de gotas prescritas.

✓ El paciente deberá permanecer acostado en la misma posición durante diez minutos con el fin de que el medicamento penetre bien en el oído.

✓ Si lo desea se podrá taponar el oído con un tapón de algodón humedecido en las gotas, nunca con el algodón seco (a no ser que lo indique así el médico) pues éste absorberá las gotas.

✓ Tapar el frasco y guardarlo en un lugar sin excesiva luz ni calor.

Administración de gotas nasales

✓ Antes de utilizar las gotas nasales, se observará el frasco y la fecha de caducidad.

✓ Las gotas deben caer en la parte posterior de la nariz y no en la garganta, por ello la cabeza estará inclinada hacia atrás mientras que el aplicador deberá estar, en el momento de apretar el bulbo del aplicador, totalmente horizontal.

✓ Respirará a través de la boca para no oler las gotas en los senos ni aspirarlas hacia los pulmones.

✓ Las gotas nasales se contaminan fácilmente, por lo que no se deberá comprar más envases de los que se usan en un tiempo breve.

✓ No se compartirá el envase con otras personas.

Administración de inhaladores

Existen en el mercado farmacéutico multitud de inhaladores con diferentes dispositivos para hacer llegar a las vías respiratorias el principio activo, pero lo más importante en cuanto a la efectividad es lo siguiente:

✓ Hacer las comprobaciones necesarias y prioritarias como la fecha de caducidad, etc.

✓ Hacer que el paciente sostenga entre sus manos el inhalador (en caso de que no pueda se lo sostendrá el cuidador o cuidadora) exhalando todo el aire que pueda.

✓ Sujetar suavemente su cabeza hacia atrás, colocando la boquilla del inhalador en la boca sellando los labios.

✓ Inmediatamente, inhalará una sola vez, llenado los pulmones.

✓ Contendrá la respiración durante varios segundos, transcurridos los cuales exhalará todo el aire de los pulmones de nuevo.

✓ Se repetirá la acción tantas veces como inhalaciones hayan sido prescritas.

✓ Nunca se exhalará el aire a través de la boquilla.

Administración de oxígeno

✓ El material que se necesitará será una mascarilla facial, cánula o sonda nasal, agua templada, caudalímetro, bombona de oxígeno.

✓ Lavarse minuciosamente las manos e informar al paciente sobre la técnica que se le va a realizar, buscando su colaboración.

✓ Colocarle en posición cómoda, semisentado, si la situación personal lo permite.

✓ Poner el agua templada en el caudalímetro.

✓ Conectar el sistema a utilizar, ajustando el caudalímetro a la concentración prescrita y comprobar que el oxígeno fluya adecuadamente.

En el caso de mascarilla facial:

✓ Utilizar el número de mascarilla adecuado al volumen de oxígeno a administrar.

✓ Ajustar la cara del paciente tirando ligeramente de las gomas elásticas y adaptando la tira metálica a la nariz para evitar fugas.

Cánula nasal:

✓ Insertar los vástagos de la cánula en los orificios nasales.

✓ Pasar los tubos por encima y detrás de las orejas y ajustarlos con suavidad por debajo del mentón. A esta cánula también se le denomina "gafas de oxígeno".

✓ Humedecerle la boca mientras dure la administración del oxígeno.

✓ Evitar la excesiva presión en los ajustes y proteger los puntos de roce para prevenir las lesiones.

✓ Vigilar que no se quite la mascarilla, cánula, etc.

✓ Mantener las vías aéreas permeables y limpias cualquiera que sea el sistema de administración.

Administración de medicamentos por vía vaginal
- ✓ Lavarse las manos cuidadosamente.
- ✓ Informar de la técnica a utilizar y respetar la intimidad de la paciente.
- ✓ Pedirle que intente vaciar la vejiga.
- ✓ Colocarla tendida de espalda, con las rodillas flexionadas.
- ✓ Ponerse los guantes y proceder a lavar el periné, primero por los laterales y por último la zona central. Separar los labios mayores, lubricar el aplicador e introducir el fármaco aproximadamente unos cinco centímetros en vagina.
- ✓ Colocar una compresa y pedirle que quede tumbada una media hora para evitar la salida del fármaco.

TEMA 4

GUÍA PARA LOS CUIDADORES

 **Introducción**
Debido a la fragilidad asociada a la condición de ser humano, todos estamos expuestos a necesitar en un momento dado una ayuda para poder desarrollar actividades tan básicas como vestirse, andar, asearse, comer, etc. Esta necesidad de ayuda se denomina **dependencia** y a las personas que la demandan **dependientes**.

La realidad traducida en cifras es contundente, aproximadamente el 85% de la población mayor de 65 años necesita de la ayuda de otra/s persona/s para poder realizar una vida normal.

Las causas que conducen a la dependencia pueden ser muchas y variadas. En el caso de las personas mayores el deterioro psíquico (demencia senil, alzhéimer, enfermedades neurológicas, pérdidas de memoria), las limitaciones físicas (enfermedades reumáticas, parkinson, traumatismos), los problemas sensoriales (ceguera, sordera, etc.), así como los problemas de salud, crónicos y temporales, son los causantes más comunes de la dependencia en este colectivo.

Sin embargo, además de las personas mayores, existen otros grupos susceptibles de ser dependientes como: los disminuidos psíquicos, físicos y la población infantil, que precisan, dependiendo de sus limitaciones, de ambientes adaptados y/o controlados y de tasas muy altas e intensivas de apoyo.

La gran mayoría de estos colectivos, anteriormente citados, reciben la ayuda en sus propios hogares, estando a cargo de sus familiares, la atención permanente e intensiva que precisan.

Teniendo en cuenta el gran número de personas que componen los grupos mencionados, no es difícil imaginar la cantidad de familiares, profesionales y esfuerzos implicados en la atención de éstas. Los familiares y profesionales que atienden a las personas dependientes son los que comúnmente denominamos **cuidadores**.

Este apartado que denominamos guía para los cuidadores quiere proporcionar a los cuidadores y a las familias, de forma sencilla y práctica, consejos útiles sobre la atención de una persona dependiente, así como unas recomendaciones saludables a los cuidadores para que, en el afán de atender las necesidades del dependiente no se olviden de las suyas propias.

¿Quiénes son las personas dependientes?
Una persona es dependiente, cuando precisa de los cuidados y atenciones de otra, de forma más o menos continuada, o cuando requiere de ayudas materiales (silla de ruedas, cama articulada, cuna, silla de paseo, etc.) para realizar actos tan básicos en su vida cotidiana como, andar, vestirse, comer, relacionarse, protegerse de peligros externos, acceder a los bienes y servicios que ofrece la sociedad, etc.

Los factores desencadenantes de la dependencia

Factores físicos:
- Asociados a la edad: En las personas mayores, las causas de la dependencia son producidas por el deterioro progresivo del organismo por el envejecimiento.
- Deterioro motivado por ciertas enfermedades (artrosis, tumores, enfermedades de transmisión sexual, vasculares, pulmonares obstructivas, insuficiencias renales crónicas, Parkinson, etc.).
- Limitaciones sensoriales (en la audición, en la vista).
- Malformaciones genéticas (ausencia de extremidades u órganos, fragilidad física, problemas de movilidad, síndrome de Down).

- Lesiones neurológicas graves que producen deficiencias mentales profundas y enfermedades mentales graves.
- Discapacidades producidas por accidentes de tráfico, laborales, domésticos, agresiones físicas, imprudencias, etc
- Consumo de fármacos y/o estupefacientes que implican importantes efectos secundarios.

Factores psíquicos:
- Déficit intelectual.
- Trastornos psicológicos en la personalidad, producidos por alteraciones afectivas.

Factores contextuales: Hacen referencia al entorno físico donde vive la persona. Estos factores son los siguientes:
- Las barreras arquitectónicas, la escasez de ayudas de tipo económico o profesional y la falta de recursos de guardería, centros de día, residencias, etc. inciden en la dependencia.
- Las actitudes y comportamientos de las personas cercanas pueden favorecer o limitar su autonomía.

Derechos de las personas dependientes
- ✓ Toda persona dependiente debe conservar la libertad de participar en la vida de la sociedad.
- ✓ Derecho al respeto de su dignidad humana, al ritmo personal en la evolución de su dependencia, a su autonomía, a su participación en el proceso de evaluación del grado de dependencia y en todas aquellas otra toma de decisión donde sus intereses puedan verse afectados.
- ✓ Toda persona dependiente será informada en la medida de sus posibilidades sobre sus derechos y libertades, sobre las opciones y facilidades disponibles y sobre la evolución de la legislación que le concierne.
- ✓ Los poderes públicos tienen la responsabilidad de adoptar las medidas legislativas necesarias, para alcanzar la plena igualdad de oportunidades y para garantizar la accesibilidad de los ciudadanos a los servicios ofertados.

Ayudas

Las ayudas necesarias para el cuidado de una persona dependiente, guardan relación con las características y grado de dependencia, con la forma en que la persona afronta su dependencia, con los recursos económicos, con la adaptación física del entorno, con la adaptación y aceptación del resto de la sociedad, con las ayudas que recibimos de otras personas e instituciones y con la correcta autonomía que sepamos ofrecerles.

Los distintos tipos de ayuda, que interrelacionan entre sí, se agrupan en:

➤ **Ayudas en la vida diaria**
Este tipo de ayudas, suponen una implicación y contacto directo en la atención física de la persona dependiente, y consisten en ayudas para las tareas de vestirse; comer; aseo; control de esfínteres; deambulación; integración y relación con el resto de la población; ratos de juego, ocio y tiempo libre; utilización y disfrute de los medios y recursos que ofrece la sociedad.

➤ **Ayudas instrumentales**
Son ayudas, que proporciona el cuidador para la relación de la persona dependiente con el entorno y que ésta no puede realizar por sí sola. Limpiar; planchar; comprar; utilizar electrodomésticos; realizar pequeñas reparaciones; manejar el dinero y bienes; controlar la toma de medicamentos; manipular materiales, objetos y utensilios, son algunos ejemplos de estas ayudas.

➤ **Ayudas de acompañamiento**
Son ayudas que proporciona el cuidador al acompañar a la persona dependiente, para salir, realizar visitas; excursiones; acudir a reuniones; citas; médico; desplazarse hasta los lugares en que se desarrollan sus aficiones, etc.

En la atención de los hijos, acompañamientos para: acudir al pediatra, a la guardería o centro escolar, al parque, a los cumpleaños, en las actividades extraescolares, excursiones, etc.

¿Quiénes son los cuidadores de las personas dependientes?

Los cuidadores son aquellas personas (padres, hijos, familiares, amigos, vecinos, voluntarios, etc.), instituciones o asociaciones con o sin ánimo de lucro que atienden a personas dependientes.

A pesar de las ayudas que proporcionan las instituciones y asociaciones de Servicios Sociales y de Salud, en la mayor parte de los casos es la familia quien asume el cuidado directo y la atención de la persona dependiente.

El cuidado de una personar dependiente es, en general, una experiencia prolongada que exige reorganizar la vida familiar, laboral y social en función de las tareas que implica cuidar. Estas circunstancias, influyen de forma distinta dependiendo de las características, problemas o enfermedades que padece la persona que recibe los cuidados, de lo avanzada que esté la enfermedad, de la lucidez psíquica que posea, de lo autónomo que el niño/a se vaya haciendo, de su salud, etc. Es importante conocer que existen otros factores, situados en el entorno del cuidador, que le van a proporcionar una mayor calidad en el cuidado de la persona dependiente mejorando su calidad de vida.

Factores del entorno del cuidador que influyen en la atención
- La propia salud del cuidador/a.
- La ayuda, el reparto de responsabilidades, el apoyo emocional, el agradecimiento y el reconocimiento que recibe de otros familiares.
- La mayor o menor flexibilidad laboral: Posibilidad de solicitar reducción o cambios en la jornada de trabajo para poder atender a su familiar, para disponer de permisos por maternidad, por cuidado de un menor, por atención a un familiar enfermo, etc.
- La ayuda que recibe de las instituciones.

Consecuencias y cambios derivados de la atención de un familiar dependiente

Las personas que atienden directamente a familiares dependientes, tienen que responder a determinadas tareas, esfuerzos y tensiones derivadas de su cuidado, pudiendo llegar a repercutir, tanto en su propia persona como en las de su entorno, produciéndose algunos cambios en diferentes ámbitos (familiar, laboral y social) de su vida cotidiana.

Cambios en las relaciones familiares
Pueden aparecer conflictos en el seno de la familia, por desacuerdos en la atención e implicación de los familiares en el cuidado de la persona dependiente.

Los conflictos familiares, relacionados con la atención de un hijo, pueden surgir cuando éstos no han nacido dentro de las expectativas marcadas por el resto de la familia (hijos fuera del matrimonio, madres solteras, adopciones, padres adolescentes, etc.) y cuando la familia cuestiona la forma en que los padres educan a su hijo.

Otra motivo que suele ocasionar conflictos, en la atención de un hijo, guarda relación con la cantidad y tipo de ayuda que reciben, los padres, del resto de los familiares y si ésta se encuentra o no a la altura que demandan.

Cambios emocionales
Los cuidadores se ven expuestos a un buen número de emociones y sentimientos. Algunos positivos, como los sentimientos de satisfacción por contribuir al bienestar de un ser querido. Pero también, frecuentemente, son negativos, como la sensación de impotencia, sentimientos de culpabilidad, rechazo hacia la persona dependiente, soledad, preocupación o tristeza.

En la atención de los hijos, predominan los sentimientos positivos sobre los negativos siempre que el embarazo sea deseado y su gestación no haya resultado traumática. En ocasiones surgen sentimientos de rechazo hacia el bebé y estados depresivos post-parto cuya duración es muy variable de unas personas a otras.
Tampoco hay que olvidar que el estilo de vida actual, donde ambos progenitores trabajan, con poco tiempo libre disponible, puede transformar la satisfacción de cuidar en una obligación, en una

pesada carga e incluso llegar a culpabilizar al niño, de su estrés, del posible distanciamiento o discusiones en la pareja, etc.

Las señales de alarma

Como cuidador/a o como persona próxima a ésta, es preciso estar atento ante:
- Pérdida de energía, sensación de cansancio continuo, sueño.
- Aislamiento.
- Aumento en el consumo de bebidas, tabaco y/o fármacos.
- Problemas de memoria, dificultad para concentrarse, bajo rendimiento en general.
- Menor interés por actividades y personas que anteriormente lo eran.
- Aumento o disminución del apetito.
- Enfados fáciles y sin motivo aparente.
- Cambios frecuentes de humor o de estado de ánimo, irritabilidad, nerviosismo.
- Dificultad para superar sentimientos de tristeza, frustración y culpa.

Llevar una vida sana

Los cuidadores que mejor se sienten son los que mantienen unos hábitos de vida que les lleva a estar en las mejores condiciones físicas y psicológicas para cuidar de sí mismos y de su familiar.

Recomendaciones

- ✓ Duerma lo suficiente. Utilice algunos momentos del día a descansar, si por la noche no ha podido hacerlo suficientemente.
- ✓ Haga ejercicio con regularidad. El ejercicio físico, es una forma muy útil para combatir tanto la depresión como la tensión emocional.
- ✓ Evite el aislamiento. Como consecuencia del exceso de trabajo, muchos cuidadores se distancian de sus amigos y familiares. Disponga de algún tiempo libre para hacer actividades que le gustan. Si necesita que alguien le sustituya, durante ese período, le recordamos que pedir ayuda, puede dar muy buenos resultados.

- ✓ Mantenga aficiones e intereses. Lo ideal es mantener un equilibrio entre las propias necesidades e intereses personales y las obligaciones que implica cuidar a un discapacitado.

Consejos prácticos en la atención de personas dependientes
- ✓ Explique en todo momento qué se le va a hacer.
- ✓ Facilite y enseñe la correcta utilización de los utensilios de aseo.
- ✓ Tenga las condiciones adecuadas (iluminación, limpieza, accesibilidad, comodidad, temperatura del agua, geles neutros, champús que no irriten, etc.) .
- ✓ Mantenga su autonomía y ayúdele sólo en lo necesario.
- ✓ Cree rutinas, de esta forma es más fácil asociar determinados acontecimientos con la llegada del aseo.
- ✓ Respete su intimidad, por mucho que nosotros hagamos las cosas con naturalidad hay que pensar que para ellos no es agradable ser personas dependientes.
- ✓ Procure, por tanto, mantener la puerta del baño cerrada mientras se les asea.
- ✓ Facilite útiles de baño.
- ✓ Realice las adaptaciones técnicas necesarias: suprima barreras, adapte el inodoro, el lavabo, la bañera, los muebles, añadir asideros, ponga suelos o complementos antideslizantes, quite pestillos, etc.
- ✓ Ofrezca seguridad y confianza: Coloque letreros con figuras en las puertas y en su habitación, objetos fácilmente identificables como calendarios, relojes grandes que le faciliten su orientación.
- ✓ Elimine obstáculos que puedan favorecer las caídas. No le deje solo al borde de escaleras, piscinas, estanques, ni en el coche, mucho menos con las llaves puestas o en días de mucho calor.
- ✓ Disponga de las ayudas y adaptaciones técnicas necesarias para cada caso.
- ✓ Procure que se mueva para evitar las secuelas producidas por la inmovilidad.
- ✓ Si la movilidad es reducida, procúrele cambios posturales de forma periódica.

A tener en cuenta con respecto a la alimentación
✓ Establezca horarios fijos que faciliten rutinas.
✓ Proporcione una dieta variada y adecuada a cada caso.
✓ Utilice mobiliario y utensilios adecuados.

A tener en cuenta con respecto a la vivienda
✓ Establezca cambios adecuados según necesidad.
✓ La casa no debe presentar barreras arquitectónicas, ni en el exterior ni en el interior, para permitir el mejor acceso a cualquier estancia de la misma.
✓ Tenga suelos apropiados, secos, antideslizantes y evite las alfombras.
✓ Mantenga una buena iluminación y ventilación.
✓ Ponga pilotos de emergencia en todas las dependencias.
✓ Tenga protectores de enchufes, radiadores, escaleras, etc.
✓ Disponga de mobiliario adaptado y adecuado según necesidad, procurando que sea fácilmente lavable, sin aristas, difícilmente astillable y no tóxico.
✓ La cocina será eléctrica, no de gas y en este último caso deberá disponer del correspondiente sistema de seguridad anti fugas.
✓ Evite piscinas no recubiertas o sin perímetro acotado.
✓ Evite colocar espejos, cristales o cualquier otro tipo de material fácilmente rompible, astillable o tóxico, al alcance de su familiar dependiente, especialmente en el caso de los niños pequeños.
✓ Cree un ambiente adecuado, ventilado, tranquilo, sin ruido, que sólo se utilice para dormir.

Ante trastornos del sueño
✓ Mantenga horarios fijos para irse a la cama.
✓ Procure que no duerma durante el día, o no más de una pequeña siesta.
✓ Procure que realice ejercicio físico, que sepa mantenerse ocupado y activo durante el día.
✓ Intente que realice ejercicios relajantes antes de irse a la cama.
✓ Vigile que no tome comidas copiosas antes de irse a dormir.
✓ Procure que no abuse de medicamentos que alteren el sueño.

- ✓ No use medicamentos para calmar, si no son estrictamente necesarios y han sido recetados por un especialista.
- ✓ Ignore su agresividad, enséñele que con esa actitud no consigue nada.
- ✓ Mantenga la calma.
- ✓ Premie la amabilidad.

Ante comportamientos de enojo e ira:
- ✓ Ayúdele a enfrentarse al problema y a admitirlo.
- ✓ Proporcione ayudas auxiliares como pañales, bacinillas, cambiadores, etc.
- ✓ Prevea ayudas técnicas como barras, inodoro elevado, orinal, etc
- ✓ Procure una dieta y administración de líquidos apropiada.

Derechos de los cuidadores

En la misma medida en que los cuidadores dedican gran parte de su tiempo y esfuerzo al cuidado, mantenimiento y ayuda de las personas dependientes, deben asumir que tienen derechos básicos a inalienables. Por estas razones, es muy importante que los cuidadores aprendan y se hagan eco de los siguientes derechos:
- ✓ El derecho a cuidar de sí mismos, dedicando tiempo y haciendo actividades simplemente para ellos sin sentimientos de culpa, de miedo y sin autocrítica.
- ✓ El derecho a mantener facetas de su propia vida que no incluyan a la persona a la que cuidan, justo como lo haría si esa persona estuviera sana.
- ✓ El derecho a experimentar sentimientos negativos (tristeza, rabia o enfado) por ver enfermo o estar perdiendo a un ser querido.
- ✓ El derecho a resolver por sí mismos aquello que sean capaces y el derecho a preguntar y pedir ayuda a otras personas para resolver aquello que no comprendan, reconociendo los límites de su propia resistencia y fuerza.
- ✓ El derecho a buscar soluciones que se ajusten razonablemente a sus necesidades y a las de las personas dependientes.
- ✓ El derecho a ser tratados con respeto por aquellos a quienes solicitan consejo y ayuda.

- ✓ El derecho a cometer errores y ser disculpados por ello.
- ✓ El derecho a ser reconocidos como miembros valiosos y fundamentales incluso cuando sus puntos de vista sean distintos.
- ✓ El derecho a quererse a sí mismos y admitir que hacen lo humanamente posible.
- ✓ El derecho a recibir consideración, afecto, perdón y aceptación por lo que hacen por la persona a quien cuidan
- ✓ El derecho a aprender y a disponer del tiempo necesario para hacerlo.
- ✓ El derecho a admitir y expresar sentimientos, tanto positivos como negativos.
- ✓ El derecho a decir "no" ante demandas excesivas, inapropiadas o poco realistas.
- ✓ El derecho a seguir desarrollando su propia vida y disfrutando de ella.
- ✓ El derecho a liberarse de sentimientos y pensamientos negativos, destructivos e infundados, aprendiendo a manejarlos y controlarlos.
- ✓ El derecho a rechazar cualquier intento que haga la persona cuidada para manipularle haciéndoles sentir culpables o deprimidos.
- ✓ El derecho a estar orgullosos por la labor que desempeñan y aplaudir el coraje que tienen que reunir muchas veces para satisfacer las necesidades de la persona que cuidan.
- ✓ El derecho a esperar y demandar que así como se están haciendo nuevos esfuerzos para encontrar recursos para optimizar la atención a las personas discapacitadas físicas y mentalmente, se hagan los mismos esfuerzos para optimizar la ayuda y el soporte necesarios a los cuidadores.
- ✓ El derecho a ser uno mismo.

Consejos para los cuidadores
- ✓ Encuentre amigos que le hagan reír y amigos que le hagan sentirse bien consigo mismo.
- ✓ Sea consciente de que la situación que se le está planteando puede que dure algunos años.

- ✓ Hacer un balance entre sus necesidades y las de la persona dependiente puede ser de gran ayuda.
- ✓ Conozca sus límites como cuidador/a y manténgase dentro de ellos.
- ✓ Intente salir de casa unos días cada cierto tiempo. Aunque parezca imposible, se puede encontrar maneras de hacerlo.
- ✓ Hágalo lo mejor que pueda dentro de sus posibilidades y oportunidades. No se sienta culpable.
- ✓ Cuide su salud, haga ejercicio a diario o, por lo menos, alguna vez a la semana y reserve tiempo para sus aficiones.
- ✓ Deje que la persona a quien cuida haga todo lo que pueda por sí misma, incluso aunque esto suponga tardar más tiempo en hacer las cosas.
- ✓ Si alguien le ofrece su ayuda y le puede venir bien, acéptela.
- ✓ Cuide de sí mismo/a, tanto física como emocionalmente, para sentirse mejor y poder seguir cuidando bien.
- ✓ Hable con la persona dependiente acerca de cómo se sienten ambos con respecto a la situación.
- ✓ Recuerde que no es con la persona dependiente con la que pueda estar enfadado, sino con la enfermedad.
- ✓ Sea paciente, ríase con frecuencia, aunque sea usted solo/a delante de un espejo. El sentido del humor es importantísimo.
- ✓ Cuídese de sí mismo/a y perdónese si comete fallos en el cuidado del enfermo/a. Si lo está haciendo lo mejor que puede, eso es lo mejor que se puede esperar.
- ✓ Mantenga una actitud positiva.
- ✓ Intente salir una noche o un día a la semana para "descargar" y "desconectar" de los problemas.
- ✓ Cuídese de sí mismo/a sobre todo en los momentos en el que esté desesperadamente necesitado/a. Su ayuda es fundamental para calmar miedos y proporcionar cariño y dignidad al paciente. Esta situación es difícil. Pero, a largo plazo, es también estimulante.
- ✓ Pida ayuda cuando lo necesite. No espere a que la ayuda salga espontáneamente de la gente.